EVERYDAY GAELIC

Morag MacNeill

GAIRM PUBLICATIONS VOL. 61

EVERYDAY GAELIC

by
Morag MacNeill

GAIRM
Glasgow
1991

Published by
GAIRM PUBLICATIONS
29 Waterloo Street, Glasgow G2 6BZ, Scotland

Printed by
Martins the Printers Ltd., Berwick-upon-Tweed

1st Impression 1984
2nd Impression 1986
3rd Impression 1988
4th Impression 1991
5th Impression 1994
6th Impression 1996
7th Impression 1999

ISBN 901771 73 2

Preface

'Everyday Gaelic' is more than a foreign phrase book. Since English is also spoken in the Gaelic-speaking areas, communication in Gaelic is not so much a matter of necessity as of choice and interest.

This book, therefore, covers more than just the phrases needed by an outsider in a foreign land — it also dips into the chatty, the personal and domestic aspects of the language. It ranges from simple words and phrases to the more complex and idiomatic.

Hopefully it will serve the non-speaker of Gaelic who wishes to utter the odd phrase and get an idea of the language, the person whose parents spoke Gaelic and who understands it but is unwilling to 'try his hand', and also the keen learner, who might like to gain a greater scope of everyday phrases than those contained in grammar books of the language.

Obviously the whole of the Gaelic language cannot be contained in one book. Therefore a selection has had to be made of those words and phrases most likely to be useful in everyday situations. If this selection has been successful, the reader will find the book not only informative but also interesting.

CONTENTS

Pronunciation

The Gaelic alphabet consists of only 18 letters: there is no J K Q V W X Y or Z. However there are sounds in Gaelic quite different from English, which are made up of combinations of letters. Once these are mastered, Gaelic spelling and pronunciation is very consistent.

As in English, there are five vowels A E I O U.

E and I are considered slender vowels, while A O U are broad. Gaelic spelling observes a balance — where a slender vowel comes before a consonant or consonant group in the middle of a word, then a slender vowel will come after also, and likewise with a broad vowel.

The accent, always over a vowel, denotes that the vowel is *long* e.g. bata (a stick) = battuh (as in 'batter') *but* bàta (a boat) = bah·tuh (as in 'calm'), except in the cases of à 'out of' and às 'out of the', where the a is short.

At first sight to the English speaker, written Gaelic looks impossible to pronounce. But once it is understood that the letter 'h' is never sounded as such, and is there only to influence the sound of the consonants, then the picture clears. (When followed by an 'h' the letters d, f, s and t can become totally silent!)

In this book not only is the proper Gaelic spelling given, but it is supplemented by the imitated pronunciation, which reproduces the Gaelic sounds in a written form more recognisable to the English-speaking reader. Any imitated pronunciation, however, can only be an approximation to the original. Where possible the learner should listen to the native Gaelic-speaker — this will help improve his 'blas' or accent.

Imitated Pronunciation

The imitated pronunciation *should be read as if one was reading English*, but keeping a few points in mind:

1 Stress marks have been omitted to avoid over-complexity. *Stress in Gaelic words is generally on the first syllable of the word.* As in English, short words like *a, an, air, do, le, anns,* etc are unstressed.

2 The 'pointing' in the middle of words (g·ee·urry) is to make the sound more easily and accurately read, and does *not* denote any kind of gap or stop in the voice.

3 a should be said as in cat
   ah as in car
   e, eh as in let
   u, uh as in but (or more precisely as an indiscriminate 'u' sound as in infant or happen)
   ae as in pale, fail, etc
   oe as in hoe
   aw as in law
   g hard as in gap
   tch as in chair, itch, etc
   ñ as in union (a combination of n + y together)

1

Sounds not common in English

eu should be said as in French 'fleur' (or as an Englishman (not a Scot!) would say bi<u>r</u>d, her, bu<u>r</u>n, etc)

ch as in Bach, loch (a gutteral sound as if trying to clear a fish-bone from the back of the mouth!)

gh a blown-through hard g (the same sort of sound as in 'ch' above, but slightly voiced, and achievēd by placing the bridge of the tongue in the roof of the mouth — it can't be too difficult — most babies achieve this 'ghh' sound before proper speech!)

<u>l</u>, <u>t</u>, <u>d</u>, <u>n</u> said basically the same as in English but 'thickened', not spat out. This is achieved by placing the tip of the tongue behind the top front teeth while sounding the l, t, d or n. (*Non*-underlined l, t, d, n are as in English).

Basic Grammar

This section contains a brief outline of some of the more basic facets of Gaelic grammar. It should not be studied in detail by the faint-hearted 'dipper' who could be put off by the seeming complexity of the rules.

Once these rules are learned, however, Gaelic deviates very little into the irregularities and inconsistencies which can be experienced in the learning of other languages.

For ease of reference some grammatical lists have been given in the main body of the book, where particularly relevant. The localities of these lists, and of examples illustrating grammatical points, are given in this section.

1 WORD ORDER

In Gaelic, the verb comes at the beginning of the sentence, whether a question or a statement. The Question form of the verb is not the same as the statement form as is the case in English.

eg The house *is* small = *Tha* an taigh beag (lit. is + the house + small)
Is the house small? = *A bheil* an taigh beag? (lit. is? + the house + small)

The word order of a simple sentence, therefore, is *verb + subject + object*
eg The boy hit the dog = Bhuail an gille an cù (hit + the boy + the dog)
The dog bit the boy = Bhìd an cù an gille (bit + the dog + the boy)

Adjectives *follow* the nouns they qualify eg a big house = taigh mòr (a house + big).

2 ASPIRATION

This is a term used to describe how the start of a word is altered when affected by certain other words.

In writing — it means simply that an 'h' is added after the first letter of the word. eg a big shoe = bròg m<u>h</u>òr; very good = glè m<u>h</u>ath; my, your, his house = mo, do, a <u>th</u>aigh.

Note however that vowels and the letters l, r, sg, sm, sp and st cannot be aspirated in this way.

In speech — aspiration describes a breathing through the first letter of the word affected.

eg big = mòr (more) mhòr (vore)
    cold = fuar (foo·ur) fhuar (oo·ur)

Examples of the effect of aspiration on a letter or sound can be seen throughout the book.

2

Superlative
As for the comparative, but preceding the adjective with <u>as</u> or <u>a bu</u>
eg as caoile (thinnest); a bu chaoile (Note that <u>bu</u> aspirates any consonant which follows it).

The Superlative adjective normally requires the *Assertive* form of the verb.
eg Donald is the tallest of the family = 'Se Dòmhnall as àirde den teaghlach.

Possessive Adjectives
(See also pps 75; 95-6)

my	mo	These 3 aspirate the 1st	my	mo	my hat	m'ad
your	do	letter of the noun	house	thaigh	etc =	d'ad
his/its	a		etc =	do		ad
				thaigh		
				a thaigh		
her/its	a			a taigh		a h-ad
our	ar		our	ar	start	ar n-
your	bhur		houses	taighean	with	adan
(pl)	an *or* am		etc	bhur	vowel	bhur n-
their	(before b, p, f, m)			taighean		adan
				an		an
				taighean		adan

in my	= 'nam	eg 'nam thaigh	on my	'nam aonar	at my =	'gam
in your	'nad	'nad thaigh	own,	'nad	(+ verb)	'gad
in his/its	'na	'na thaigh	etc	'na aonar		'ga
in her/its	'na	'na taigh		'na h-aonar		'ga
in our	'nar	'nar taighean		'nar n-aonar		'gar
in your	'nur	'nur taighean		'nur n-aonar		'gur
in their	'nan/'nam	'nan taighean		'nan aonar		'gan/ 'gam

6 ADVERBS
Formed by preceding the adjective with the word 'gu', eg:
well = gu math
nicely = gu dòigheil
Stress is sometimes gained by adding 'fhèin' eg:
very well = gu math fhèin
indeed = gu dearbha fhèin

7 VERBS
In dictionaries, etc two parts of the verb are given, eg lift = tog, togail. The first part is the imperative or command form; the second part is the verbal noun or '. . .ing' form. These two parts of the verb are important since all other forms of the verb can be derived from them. Preceded by a' or ag, for example, the verbal noun becomes the *present participle*, eg I am lifting = Tha mi a' togail.

Where a verb in the 'ing' form takes a pronoun object (eg I am lifting *it*) the pronoun changes to 'gam, 'ga etc (see Possessive Adjectives above and page 87) and precedes the present participle, eg He is lifting me = Tha e 'gam thogail (*Not*: Tha e a' togail mi). Where a present participle takes a noun object (eg I am lifting *the box*) this noun should be in the genitive case = Tha mi a' togail a' bhocsa.

For the formation of *Past, Future, Conditional Tenses* of the verb, see 'Question and Answer' in the next Section (Section C).

For *Reported Speech* form, see Pages 99-100.

The *Past Participle* is formed by adding 'ta' or 'te' to the imperative of the verb, eg:

briste = broken
millte = spoiled

The *Passive*, similar in meaning to the Past Participle above, is formed by using the verb 'to be' + air + verbal noun, eg It has broken = Tha e air briseadh; or to go a step further back in time: It had broken = Bha e air briseadh.

Infinitive

The infinitive of a verb is formed according to its first letter, ie
(consonant) buail, bualadh (hit) = a bhualadh (*to* hit)
(vowel) òrdaich, òrdachadh (order) = a dh'òrdachadh (*to* order)
(f) fàg, fàgail (leave) = a dh'fhàgail (*to* leave)

Idiomatic Phrases

(See also pp 101-2)
These are a limited number of phrases, normally formed with a preposition, eg
I should . . . Bu chòir dhomh . . .
I usually . . . Is àbhaist dhomh . . .
I can . . . Is urrainn dhomh . . .
I prefer . . . Is fheàrr leam

With an object:

I prefer tea = Is fheàrr leam tea
I prefer sitting = Is fheàrr leam suidhe

With an object and a verb:

John prefers drinking tea = Is fheàrr le Iain tea òl
It's time you cleaned the car = Tha thìd agad an càr a ghlanadh
Note that the noun comes *before* the second verb. This second verb is formed according to its first letter:
(consonant) = infinitive form eg a thogail
vowel = verbal noun (2nd part of verb) eg òrdachadh
f = verbal noun aspirated eg fhàgail

With a pronoun object and a verb: I can do it — Is urrainn dhomh a dhèanamh.

The pronoun object takes the form of the possessive adjective (my, his, etc) and the verb takes the verbal noun form, aspirated by the possessive adjective where required, ie Is urrainn dhomh a bhualadh = I can hit him (or it) (literally = I can his/its hitting).

8 PREPOSITIONS

(See also pps 25; 57-8)
The most common *simple prepositions* are:

at = aig	on = air	from = bho/o
to = do/gu/ri(s)	in = ann(s)	for = do
with/by = le	under = fo	of/from = de

When a simple preposition and a pronoun come together (as often happens in the Idiomatic Phrases above), Gaelic contracts them into one new word, eg
at me (aig + mi) = agam

The formation pattern is fairly regular and most can be easily learned. See pages 75, 95-6 for examples of these *Prepositional Pronouns*.

When a noun is governed by a preposition (eg *to* the shops) then the noun is considered to be in the *Dative* case. Note the effect of prepositions on nouns in the Nouns paragraph already given in this Section B.

Compound Prepositions: These are made up of a noun and a simple preposition. Dependent on whether the noun comes first or last in the compound preposition, the second noun being governed by the compound preposition is in the Genitive or Dative Case (See Nouns, p3-4), eg beside = (by the side *of*) = ri taobh an dorais; on top *of* the table = air mullach a' bhùird ('door' and 'table' are in Genitive Case)

but
near the house = faisg air an taigh
along with the boy = còmhla ris a' ghille.

Question and Answer

Gaelic does not have a one-word 'Yes' or 'No'. To answer a question, one replies in the affirmative or negative of the verb with which the question was asked (eg Did you hit Mary? Ans Did hit *or* Did not hit).

This is a quick-reference section, designed for those who wish to find the correct form and tense of a verb, thus enabling them to answer (or ask) questions correctly.

	Question	*Affirmative*	*Negative*
Verb 'to be'			
Is/Are (you)?	Am bheil (thu)?	Tha	Chan eil
Was/Were (they)?	An robh (iad)?	Bha	Cha robh
Will (the man) be?	Am bi (an duine)?	Bidh	Cha bhi
Would . . . be?	Am biodh . . .?	Bhiodh	Cha bhiodh
Assertive form of Verb 'to be' (See p 21)			
Is/Are?	An e?	'Se	Chan e
(+ noun)			
Was/Were?	Am b'e?	B'e	Cha b'e
Is/Are?	An ann?	'S ann	Chan ann
(+ preposition)			
Was/Were?	Am b'ann?	B'ann	Cha b'ann
Do . . . like?	An toil?	'S toil	Cha toil
Would . . . like?	Am bu thoil?	Bu thoil	Cha bu thoil
Regular Verb pattern			
Did . . . lift?	An do thog?	Thog	Cha do thog
(1st letter — consonant)			
Did . . . eat?	An do dh'ith?	Dh'ith	Cha do dh'ith
(vowel)			
Did . . . leave?	An do dh'fhàg?	Dh'fhàg	Cha do dh'fhàg
(f)			
Will . . . lift?	An tog?	Togaidh	Cha thog
Will . . . eat?	An ith?	Ithidh	Chan ith
Will . . . leave?	Am fàg?	Fàgaidh	Chan fhàg
Would . . . lift?	An togadh?	Thogadh	Cha thogadh
Would . . . eat?	An itheadh?	Dh'itheadh	Chan itheadh
Would . . . leave?	Am fàgadh?	Dh'fhàgadh	Cha fhàgadh

Note that if one wishes to ask a *negative* question 'Did*n't* you . . .?', then the 'Am' or 'An' of the positive question form is replaced by 'Nach'. (eg Didn't you hear it? = Nach cuala tu e?) The verb stem remains unchanged except in 'Am bheil?' which becomes 'Nach eil?' and with verbs starting with 'f' where aspiration occurs: Am faigh? = Nach fhaigh?

Irregular Verbs			
Did . . . say?	An tuirt?	Thuirt	Cha tuirt
Will . . . say?	An abair?	Their	Chan abair
Did . . . see?	Am faca?	Chunnaic	Chan fhaca
Will . . . see?	Am faic?	Chì	Chan fhaic
Did . . . hear?	An cuala?	Chuala	Cha chuala

Will . . . hear?	An cluinn?	Cluinnidh/Chluinn	Cha chluinn
Did . . . do/make?	An do rinn?	Rinn	Cha do rinn
Will . . . do/make?	An dèan?	Nì	Cha dèan
Did . . . get?	An d'fhuair?	Fhuair	Cha d'fhuair
Will . . . get?	Am faigh?	Gheibh	Chan fhaigh
Did . . . give/take?	An tug?	Thug	Cha tug
Will . . . give/take?	An toir?	Bheir	Cha toir
Did . . . come?	An tàinig?	Thàinig	Cha tàinig
Will . . . come?	An tig?	Thig	Cha tig
Did . . . go?	An deach?	Chaidh	Cha deach
Will . . . go?	An tèid?	Thèid	Cha tèid
Did . . . reach?	An do ràinig?	Ràinig	Cha do ràinig
Will . . . reach?	An ruig?	Ruigidh	Cha ruig
Did . . . catch?	An do rug? (+ air)	Rug	Cha do rug
Will . . . catch?	Am beir? (+ air)	Beiridh	Cha bheir
Who (saw)?	Cò (chunnaic)?	(followed by affirmative of verb)	
What (was)?	Dè (bha)?	(followed by affirmative of verb)	
Why?	Carson?	(followed by affirmative of verb)	
When?	Cuine?	(followed by affirmative of verb)	
How?	Ciamar?	(followed by affirmative of verb)	
How many?	Co mheud?	(followed by affirmative of verb)	
From where?	Co às?	(followed by affirmative of verb)	
On whom/what?	Co air?	(followed by affirmative of verb)	
What (was)?	Càite (an robh)?	(followed by question form of verb)	
What about . . .?	Dè mu dheidhinn . . .?		

Number and Time

(For numbers of people, see p 92)

1	aon	eun
2	dhà	ghah
3	trì	tree
4	ceithir	cae·hir
5	còig	coe·ig
6	sia	shee·a
7	seachd	shachk
8	ochd	ochk
9	naoi	neu·ee
10	deich	jae·eech
11	aon deug	eun jee·ug
12	dà dheug	dah yee·ug
13	trì deug	tree jee·ug
14	ceithir deug	cae·hir jee·ug

etc

20	fichead	feechit
21	aon air fhichead	eun ir eechit
22	dhà air fhichead	ghah ir eechit
30	deich air fhichead	jae·eech ir eechit
31	aon deug air fhichead	eun jee·ug ir eechit
32	dà dheug air fhichead	dah yee·ug ir eechit
40	dà fhichead	dah eechit
41	dà fhichead 's a h-aon	dah eechit suh heun
42	dà fhichead 's a dhà	dah eechit suh ghah
50	leth-cheud	l·yech·yut
51	leth-cheud 's a h-aon	l·yech·yut suh heun
52	leth-cheud 's a dhà	l·yech·yut suh ghah
70	trì fichead 's a deich	tree feechit suh jae·eech
71	trì fichead 's a h-aon deug	tree feechit suh heun jee·ug
72	trì fichead 's a dhà dheug	tree feechit suh ghah yee·ug
80	ceithir fichead	cae·hir feechit
100	ceud	kee·ut
200	dà cheud	dah chee·ut
300	trì ceud	tree kee·ut
550	còig ceud 's a leth-cheud	coe·ig kee·ut suh l·yeh-chyut
1000	mìle	mee·luh
1,000,000	muillean	mill·yan

Note that Gaelic counts in twenties as in the old method of counting in scores, ie three score and ten = 70 etc.

(in the year)

1890   (anns a'bhliadhna) ochd ceud deug ceithir fichead 's a deich (a·oon suh vlee-unnuh) ochk kee·ut jee·ug cae·hir feechit suh jae·eech

1950   naoi ceud deug 's a leth-cheud
neu·ee kee·ut jee·ug suh l·yeh-chyut

1980   naoi ceud deug 's a ceithir fichead
neu·ee kee·ut jee·ug suh cae·hir feechit

Counting things

Note that when counting objects in Gaelic, eg three *buses*, the singular form of the object is used with aon (1), dhà (2), dusan (a dozen), fichead (20, 40, 60 etc), ceud (50, 100) and mìle (1,000).

Aon (1) and dà (2) aspirate the first letter of the object being counted, except where it is d, t or s.

Note also the placing of the object within the number phrase, eg:

one shoe	aon bhròg	eun vrawg
two shoes	dà bhròg	da vrawg
three shoes	trì brogan	tree brawgun
a dozen shoes	dusan bròg	doo-san brawg
eleven houses	aon taigh deug	eun tuh·ee jee·ug
twelve houses	dà thaigh dheug	dah huh·ee yee·ug
thirteen houses	trì taighean deug	tree tuh·yen jee·ug
twenty houses	fichead taigh	feechyut tuh·ee
twenty-one boys	aon bhalach air fhichead	eun valloch ir eechit
twenty-two boys	dà bhalach air fhichead	dah valloch ir eechit
twenty-three boys	trì balaich air fhichead	tree baleech ir eechit
a hundred boys	ceud balach	kee·ut balloch

The two items most commonly counted ie pence and years, are nearly always used in the singular form, eg three years — trì bliadhna etc.

1st, 2nd etc

the 1st one	a' chiad fhear	uh chee·ut err
the 2nd one	an dàrna fear	un darnuh ferr
the 3rd one	an treas fear	un tress ferr
the 4th one	an ceathramh fear	ung keh·ruv ferr
the 5th one	an còigeamh fear	ung koe·eeg·yuv ferr
the 6th one	an siathamh fear	un shee·ahuv ferr
the 7th one	an seachdamh fear	un shachkuv ferr
the 8th one	an t-ochdamh fear	un toech·kuv ferr
the 9th one	an naoidheamh fear	un neu·yuv ferr
the 10th one	an deicheamh fear	un jaech·yuv ferr
etc		

Common Phrases

How many?	Co mheud?	coe vee·ut?
(three) and a half	(trì) gu leth	(tree) goo l·yeh
How many books have you got?	Co mheud leabhar a th'agad?	coe vee·ut l·yawr uh hagut?
I have five books	Tha còig leabhraichean agam	ha coe·ig l·yawreech·yun ackum
How many knives are on the table?	Co mheud sgian a th'air a' bhòrd?	coe vee·ut skee·un uh hir uh vawrd?
There are six knives on the table	Tha sia sginean air a' bhòrd	ha shee·a skeenun ir uh vawrd
There is only one there	Chan eil ann ach aon	chan yil a·oon ach eun
How many pieces are left?	Co mheud pìos a tha air fhàgail?	coe vee·ut peess ah ha ir ah·gal?
Four of them	Tha ceithir dhiubh	ha cae·hir yoo

11

Who won?	Cò choisinn?	coe chosheeñ?
I won, and Mary got second place	Choisinn mise, agus fhuair Màiri an dàrna àite	chosheeñ mee·shuh, ughuss hoo·ur Mah·ree un darnuh ah-tchuh
How far is it to . . .?	Dè cho fada 's a tha e gu . . .?	jae choe fatuh suh ha eh goo . . .?
About twenty miles	Mu fhichead mìle	moo eechit meeluh
too many, too much	cus	cooss
one more	aon eile or fear eile (masc) te eile (fem)	eun illuh, ferr illuh tchae illuh
more	tuilleadh	tool·yugh
more than twenty	còrr is fichead barrachd air fichead	cawr iss feechit barrochk ir feechit
around a dozen	mu dhusan	moo ghoo·san
altogether	uile gu lèir	ooluh goo l·yaer
at least	air a' char as lugha	irruh char iss leu·uh
at most	air a' char as motha	irruh char iss mawuh

Time

Of the Day

a second	diog	jick
minute(s)	mionaid(ean)	minatch(un)
a quarter	cairteal	carsht·yal
a half hour	leth-uair	l·yeh-hur
hour(s)	uair(ean)	oo·urr(un)
morning	madainn	madeeñ
afternoon	feasgar	fess·kur
evening	feasgar	fess·kur
night	oidhche	uh·eechyuh
day	là	lah
to	gu	goo
past	an dèidh	un jae·ee
almost	gu bhith	goo vee
When?	Cuine?	Coonyuh?
... when ...	... nuair ...	... noo·urr
late	anmoch	annamoch
early	tràth	trah
fast	air thoiseach	ir hoshoch
slow	air dheireadh	ir yirrugh
on time	ris an uair	reesh un oo·urr
a watch	uaireadair	oo·urrudar
a clock	gleoc	glochk

What's the time?

	Dè'n uair a tha e?	jaen oo·urr uh ha eh?
It's ...	Tha e ...	ha eh ...
One o'clock	uair	oo·urr
two o'clock	dà uair	dah oo·urr
three o'clock	trì uairean	tree oo·urrun
in the afternoon	feasgar	fesskur
in the morning	sa' mhadainn	suh vadeeñ
at night	a dh'oidhche	uh ghuh·eechyuh
midnight	meadhan oidhche	mee·an uh·eechyuh
midday	meadhan là	mee·an lah
twelve o'clock	dà uair dheug	dah hoor yaeg
almost eleven o' clock	gu bhith aon uair deug	goo vee eun oor jee·ug
quarter past one	cairteal an dèidh uair	carsht·yal un jae·ee oo·urr
half past two	leth-uair an dèidh dhà	l·yeh-hoor un jae·ee ghah
quarter to three	cairteal gu trì	carsht·yal goo tree
five to four	còig mionaidean gu ceithir	coe·ig minatchun goo cae·hir
twenty past six	fichead mionaid an dèidh sia	feechyut minatch un jae·ee shee·a
twenty-five to seven	còig mionaidean fichead gu seachd	coe·ig minatchun feechit goo shachk
It's time you were moving!	Tha thìd agad gluasad!	Ha hee·j agut glow·ussut

13

When does it start?	Cuine bhios e 'tòiseachadh?	Coonyuh viss eh taw·shochugh
At half past seven	Aig leth-uair an dèidh seachd	Eck I·yeh hoor un jae·ee shachk
When is Mary coming?	Cuine bhios Màiri 'tighinn?	Coonyuh viss Mah·ree tcheeñ?
About quarter to two	Mu chairteal gu dhà	Moo charsht·yal goo ghah
When have you to be home?	Cuine dh'fheumas tu bhith dhachaigh?	Coonyuh yae·muss doo vee ghachee?
Before midnight	Roimh mheadhan-oidhche	Roy vee·an uh·eechyuh
When did John say to be there?	Cuine thuirt Iain a bhith ann?	Coonyuh hoert ee·añ uh vee a·ooñ?
When will you be back?	Cuine bhios tu air ais?	Coonyuh viss doo ir ash?
When do you expect them?	Cuine tha dùil agad riutha?	Coonyuh ha dool agut roo?
He phoned about 4	Dh'fhòn e mu cheithir	Ghoen eh moo chae·hir
He said it would take about 3 hours	Thuirt e gun toireadh e mu thrì uairean a thìde	Hoert eh goon dorrugh eh moo hree oo·urrun uh hee·juh
He should be here before 7	Bu chòir dha a bhith seo roimh sheachd	Boo chawr ghah uh vee shaw roy h·yachk
How long will you be?	Dè cho fada 's a bhios tu?	Jae choe fatuh suh vee·uss doo?
About an hour	Mu uair a thìde	Moo oo·urr uh hee·juh
My watch is (fast/ slow)	Tha m'uaireadair (air thoiseach/air dheireadh)	Ha moo·urrudar (ir hoshoch/ir yirrugh)
now (next)	a-nis	uh neesh
just now	an-dràsda	un drah·stuh
again	a-rithist	uh ree·eeshtch
at once	anns a' mhionaid	ass uh vinnatch
in a short while	ann an greiseag	ann ung grishack
soon	a dh'aithghearr	uh gha·ee·h·yar
at the same time	aig an aon àm	eck un eun a·oom
all the time	fad na h-ùine	fat nu hoon·yuh
already	mu thràth cheana	moo hrah ch·yennuh
yet	fhathast	hah·ast
during the day	troimh 'n là	troyn lah
during the night	troimh 'n oidhche	troyn uh·eechyuh
all day	fad an là	fat un lah
all night	fad na h-oidhche	fat nu huh·eechyuh
three times a day	trì turais san lá	tree tooreesh sun lah
for three days	fad trì làithean	fat tree lah·yun

Of the Week — Year

Monday	Diluain	jee Loe·uñ
Tuesday	Dimàirt	jee Marsht
Wednesday	Diciadain	jee Kee·udeeñ

14

Thursday	Diardaoin	jee Ardeuñ
Friday	Dihaoine	jee Heunyuh
Saturday	Disathurna	jee Sahurnuh
Sunday	DiDòmhnaich	jee Dawneech
	Là na Sàbaid	Lah nuh Sah·batch
What day is it?	Dè 'n là a th'ann?	jaen lah uh ha·oon?
It's Tuesday	'Se Dimàirt a th'ann	sheh jee Marsht uh ha·oon
When did you last see James?	Cuine chunnaic thu Seumas bho dheireadh?	coon·yuh choonick oo Shaemuss voe yirrugh?
On Wednesday	Diciadain	jee-Kee·udeeñ
Will you come on Monday?	An tig thu Diluain?	un jeek oo jee Loe·uñ
No. I'll come on Tuesday	Cha tig. Thig mi Dimàirt	cha jeek. Heek mee jee Marsht
Spring	an t-Earrach	un Tcharroch
Summer	an Samhradh	un Sa·oorugh
Autumn	am Foghar	um Fuh·ver
Winter	an Geamhradh	ung G·ya·oorugh
January	am Faoilleach	um Feul·yoch
February	an Gearran	un G·yarran
March	am Màrt	um Marsht
April	an Giblean	ung G·eeblan
May	an Cèitean/a' Mhàigh	ung K·yaetchan/uh Vah·ee
June	an t-Òg-mhios	un Iawg viss
July	an t-Iuchar	un tchoocher
August	an Lùnasdal	un loonuss·dull
September	an t-Sultainn	an tool·teen
October	an Dàmhair	un dah·vir
November	an t-Samhainn	un taveen
December	an Dùbhlachd	un doo·lochk

Note that the modern calendar was introduced into Gaelic comparatively recently. Traditionally, times of the year were identified by terms connected with weather and agriculture which did not correspond directly with the English/Latin months. This explains why many native Gaels are not entirely familiar with the month names above.

week(s)	seachdain(ean)	shach·keen(yun)
a fortnight	ceala deug	k·yalla jee·ug
month(s)	mìos(an)	mee·uss(un)
season(s)	ràith(ean)	rah·ee(yun)
year(s)	bliadhna(ichean)	blee·unnuh (bleeunneechun)
How many days is it till the holidays?	Co mheud là gus am bi na làithean saora ann?	coe vee·ut lah gooss um bee nuh lah·yen seuruh a·oon?
eight days	ochd làithean	ochk lah·yun
a day or two	là no dhà	lah no ghah
How often do you see him?	Dè cho tric 's a chì thu e?	jae choe treechk suh chee oo eh?
every day	a h-uile là	uh hooluh lah
every night	a h-uile h-oidhch'	uh hooluh huh·eech
Every year	a h-uile bliadhna	uh hooluh blee·unnuh

once a year	uair sa' bhliadhna	oo·ur suh vlee·unnuh
How long will this meat last?	Dè cho fad 's a sheasas an fheòil seo?	jae choe fat suh hessus un yawl shaw?
It will last for two days	Seasaidh i dà là	shessee ee dah lah
Were you here before?	An robh thu 'n seo roimhe?	un roe oon shaw roy·uh?
Yes, many times.	Bha, iomadh uair	vah, immugh oo·urr
How long have you been married?	Dè cho fada 's a tha sibh pòsd'?	jae choe fatuh suh hah shiv pawst?
two weeks/two years	dà sheachdain/dà bhliadhna	dah h·yachkeen/dah vlee·unnuh
What age are you?	Dè 'n aois a tha thu?	jaen eush uh ha oo?
I'm ten years old	Tha mi deich bliadhna a dh'aois	ha mee jaech blee·unnuh uh gheush
Mary's only four	Chan eil Màiri ach ceithir	chan yil Mah·ree ach cae·hir

General phrases of time

the day before yesterday	a' bhòn-de	uh vawn jae
yesterday	an-dè	un jae
last night	an-raoir	un ruh·eer
to-day	an-diugh	un joo
tonight	a-nochd	unnochk
tomorrow	a-màireach	umah·roch
tomorrow morning	madainn a-màireach	madeen yumah·roch
tomorrow night	an ath-oidhche	un a huh·eechyuh
the day after tomorrow	an earar	un yerrur
last week	an t-seachdain seo chaidh	un tchach·keen shaw cha·ee
this week	an t-seachdain seo	un tchach·keen shaw
next week	an ath-sheachdain	un a h·yach·keeñ
the year before last	a' bhòn-uiridh	uh vawn ooree
last year	an uiridh	un ooree
this year	am bliadhna	um blee·unnuh
next year	an ath-bhliadhna	un a vlunnuh
any day	là sam bith	lah sum bee
within two or three days	taobh a-staigh dhà no trì làithean	teuv uh stuh·ee gha no tree lah·yun
every Monday	a h-uile Diluain	uh hooluh jee Loe·un
at the week-end	aig deireadh na seachdain	eck jirrugh nuh shach·keen
last time	an turas bho dheireadh	un toorooss voe yirrugh
next time	an ath-thuras	un A hoorooss
some time	uaireigin	oo·urreeg·in
sometimes	uaireannan	oo·urrunn·un
often	tric	treechk
seldom	ainneamh	ann·yuv
usually	mar is àbhaist	mar iss ah·veesh·tch
at (long) last	mu dheireadh (thall)	moo yirrugh (ha·ool)

(For Special times of the year, Festive seasons, etc. See P. 54)

16

Meeting Friends/Getting Acquainted

How are you?
As in English, there is a variety of ways of greeting people. A list of the more common expressions is given to allow the learner to recognise and give an appropriate response to a greeting. However, for the starter in Gaelic, the plain 'how are you?' — 'Ciamar a tha thu?' cannot be bettered.

N.B. 'thu' = you (one person); 'sibh' = you (plural)
However, 'sibh' is not only the plural form but also the singular form where one wishes to be polite or respectful (usually reserved in Gaelic nowadays for much older or reverend persons)

Good morning/good evening	madainn mhath/ feasgar math	ma<u>d</u>eeñ va/fesskurr ma
How are you?	Ciamar a tha thu?	kimmer uh ha oo?
How are you? (polite or plural)	Ciamar a tha sibh?	kimmer uh ha shiv?
Fine, thanks	Tha gu math, tapadh leat	ha goo ma, <u>t</u>appuh le<u>t</u>
Fine, thanks (polite or plural)	Tha gu math, tapadh leibh	ha goo ma, <u>t</u>appuh leh·eev
How's yourself?	Ciamar a tha thu-fhein	kimmer uh ha oo haen?
How's everybody	Ciamar a tha a h-uile duine	kimmer uh ha uh hooluh <u>d</u>oon·yuh?
Everybody's fine	Tha a h-uile duine gu math	ha uh hooluh <u>d</u>oon·yuh goo ma
How are you keeping?	Dè do chor?	jae <u>d</u>aw chorr?
Fine	Cor math	corr ma
That's good	'S math sin	smashin
How's yourself	Ciamar a tha thu-fhèin/sibh-fhèin?	kimmer uh ha oo haen/shiv haen?
Doing nicely	Tha gu dòigheil	ha goo <u>d</u>aw.yell
How's the world treating you?	Dè 'saoghal a th'agad?	jae seu<u>l</u> uh haghu<u>t</u>?
Well/Poorly	Saoghal math/saoghal bochd	seu<u>l</u> ma/seu<u>l</u> bochk
How are things?	Ciamar a tha cùisean?	kimmer uh ha coo·shin
Very good/good enough	Glè mhath/math gu leòr	glae va/ma goo l·yawr
middling/pretty poor	meadhanach/gu math bochd	mee·annoch/goo ma bochk
What's doing?	Dè tha 'dol?	jae ha <u>d</u>o<u>ll</u>?
Nothing much	Chan eil mòran	chan yil moe·ran
nothing new	Chan eil càil às ùr	chan yil cahl ass oor
What's new?	Dè do naigheachd?	jae <u>d</u>aw neh·ochk?
I'm very busy these days	Tha mi glè thrang na làithean-s'	ha mee glae hrang nuh <u>l</u>ah·yuns
I've not seen you for a while	'S fhada bho nach fhaca mi thu	sa<u>tt</u>uh voe nach ach·kuh mee oo

Yes, quite a while	'S fhada gu dearbh	sattuh goo jarrav
That's right	Tha sin ceart	ha shin k·yarsht

(For comments on weather, see p 20)

Getting to know you

Who is this/that?	Cò tha seo/sin?	coe ha shaw/shin?
Who is your friend?	Cò do charaid?	coe daw charreetch?
Do you know . . .?	An aithne dhuit . . .?	Unn ann·yuh ghoot . . .?
Yes/No	'S aithne/Chan aithne	sann·yuh/chan ann·yuh
I've never met him before	Cha do thachair mi ris riamh roimhe	cha daw hachir mee reesh ree·uv roy·uh
Don't you recognise me?	Nach eil thu 'gam aithneachadh?	nach ill oo gam ann·yochugh?
Yes/No	Tha/Chan eil	ha/chan yil
Introduce us	Cuir an aithne 'chèile sinn	koor un ann·yuh ch·yaeluh sheeñ
This is . . .	Seo . . .	shaw . . .
my friend John	Mo charaid Iain	mo charreetch ee·añ
my wife/my husband	a' bhean agam/an duin' agam	uh venn ackum/ undoon yackum
my girl/daughter	an nighean agam	un n·yee·unn ackum
my boy/son	am balach agam	um balloch ackum

(for other family relationships, see P.83)

What's your name?	Dè 'n t-ainm a th'ort?	jaen tannam uh horsht?
I am . . . (John Campbell)	Is mise . . . (Iain Caimbeul)	iss meeshuh . . . (ee·añ Kah·eembal)
I'm pleased to see you	Tha mi toilicht' d'fhaicinn	ha mee tolleech·tch dech·keeñ
Where are you from?	Co às a tha thu?	coe ass uh ha oo?
I'm from (Glasgow)	'Sann à (Glaschu) a tha mi	sa·oon a glass·choo uh ha mee
Where are you staying?	Càit eil thu fuireach?	kahtch il oo fooroch?
I'm staying at the hotel	Tha mi fuireach san taigh-òsd	ha mee fooroch sun ta·ee awst
I'm staying at my friend's house	Tha mi fuireach an taigh mo charaid	ha mee fooroch un ta·ee mo charreetch
How long will you be staying?	Dè cho fada 's a bhios tu fuireach?	jae choe fattuh suh viss doo fooroch?
for a week	fad seachdain	fat shach·keen
two or three days	dhà no trì làithean	ghah no tree lah·yun
I'll be here for a fortnight	Bidh mi ann ceala-deug	bee mee a·oon k·yalla jee·ug
Where are you going?	Càit a bheil thu dol?	kahtch uh vil oo doll?
I'm going to the shop	Tha mi dol don bhùth	ha mee doll don voo
to the town/home	don bhaile/dhachaigh	don valluh/ghachee
Come to visit some time	Thig a chèilidh uaireigin	heek uh ch·yaelee oo·urreeg·in
I will (come)	Thig	heek
You must come soon	Feumaidh tu tighinn a dh'aithghearr	faemee doo tcheeñ uh gha·h·yarr
Yes I must	Feumaidh	faemee

18

Tell Mary (John) . . .	Innis do Mhàiri (Iain) . . .	eensh daw Vah·ree (ee·añ) . . .
that I was asking for her/him	gu robh mi gabhail a naidheachd	goo roe mee gaval uh neh·ochk
I will (tell)	Innsidh	eenshee
I must go	Feumaidh mi falbh	faemee mee falav
I'm in a hurry	Tha cabhag orm	ha cavack orrom
We'll be seeing you	Bidh sinn 'gad fhaicinn	bee sheeñ gat ech·keeñ
Bye for now	Mar sin leat	mar shin let
Cheerio	Cheery	tchee·ery
Good night	Oidhche mhath	uh·eech·yuh va

The Weather

One of the most common topics of conversation, as in many languages!

the weather	an t-sìde, an aimsir	un tchee·juh, un ammashir
wet/dry	fliuch/tioram	flooch/tchirrum
hot/cold	teth/fuar	tcheh/foo·ur
warm/damp	blàth/tais	blah/tash
bright/dark	soilleir/dorch	sullyer/dorroch
beautiful/windy	brèagha/gaothach	bree·a·uh/geu·och
very	glè glae	Both these words
too	ro ro	'aspirate' the first letter of the following word
very wet/very cold	glè fhliuch/glè fhuar	glae looch/glae oo·ur
too dry/too hot	ro thioram/ro theth	ro hirrum/ro heh
somewhat (cold)	caran (fuar)	carran (foo·ur)
terribly (warm)	uabhasach (blàth)	oo·uvussoch (blah)
getting (growing)	a' fàs	uh fahss
	now (time past)	
warmer	nas blàithe (na bu bhlàithe)	nuss blah·yuh (nu boo vlah·yuh)
hotter	nas teotha (na bu teotha)	nuss tchawuh (nu boo tchawuh)
colder	nas fhuaire (na b'fhuaire)	nuss oo·urruh (nu boo·urruh)
wetter	nas fliuiche (na bu fhliuiche)	nuss flooch·yuh (nu boo looch·yuh)
better	nas fheàrr (na b'fheàrr)	nush ahr (nub yahr)
worse	nas miosa (na bu mhiosa)	nuss missuh (nu boo vissuh)

Some Gaels when referring to the weather as 'it' (it is cold) use 'e' — it (masculine), others use 'i' — it (feminine). Either is acceptable; 'e' is used here.

N.B. When an *adjective* alone follows the verb eg It/the day is *beautiful* = Tha e/an là breagha, the ordinary form of the verb 'to be' is used (tha). However, when the verb is followed by a *noun* (sometimes qualified by an adjective), then the assertive form of the verb 'to be' ('se) is used. eg It is a beautiful *day* = 'Se là brèagha a th'ann.

What kind of weather did you have?	Dè seòrsa sìde a bh'agaibh?	jae shawrsuh shee·juh uh vackuv?
good weather	sìde bhrèagha	shee·juh bree·a·uh
poor weather	droch shìde	droch hee·juh
What's the day like (outside)?	Dè 'n coltas a th'air an là (a-muigh)?	jaeng coltass uh hir un lah (uh moo·ee)?
It's — warm/dry/sunny	Tha e blàth/tioram/grianach	ha eh blah/tchirrum/gree·annoch
It's — cold/wet/windy	Tha e fuar/fliuch/gaothach	ha eh foo·ur/flooch/geu·och

20

English	Gaelic	Pronunciation
It's a beautiful day (today)	'Se là brèagha a th'ann (an-diugh)	sheh lah bree·a·uh ha·oon (un joo)
Yes, indeed	'Se gu dearbh	sheh goo jarrav
Isn't it getting cold?	Nach e tha 'fàs fuar	nach eh ha fahss foo·ur
Isn't it [hot] (wet) today?	Nach e tha [teth] (fliuch) an-diugh?	nach eh ha [tcheh] (flooch) un joo
Isn't it — and [calm] (wild) too?	Nach e — agus [ciùin] (fiadhaich) cuideachd?	nach eh — ughuss [k·yooñ] (fee·u·eech) coojochk
It's warmer than it was yesterday	Tha e nas blàithe na bha e 'n-dè	ha eh nuss blah·yuh na vah en jae
It was colder yesterday than it is today	Bha e na b'fhuaire 'n-dè na tha e 'n-diugh	vah eh nub oo·urrun jae na ha en joo
Is it raining?	A bheil uisg' ann?	uh vil ooshk ya·oon?
Yes/No	Tha/Chan eil	ha/chan yil
It's only a shower	Chan eil ann ach fras	chan yil a·oon ach frass
There's thunder and lightning	Tha tàirneanaich 's dealanaich ann	ha tarn·yaneech ss jallaneech a·oon
There are dark clouds in the sky	Tha sgòthan dubha anns an adhar	ha skaw·un doo·uh unsun A·urr
Has the rain stopped?	An do sguir an t-uisge?	un daw skoor un tooshk·yuh?
Yes/No	Sguir/Cha do sguir	skoor/cha daw skoor
Not yet	Cha do sguir fhathast	cha daw skoor hah·ast
It's dried up now	Tha turadh ann	ha toorugh a·oon
The sun's shining	Tha a'ghrian a'deàrrsadh	ha ghree·un uh jar·sugh
weather forecast	roimh-innse na sìde	roy eenshuh nu shee·juh
weather report	iomradh air an t-sìde	immurugh ir un tchee·juh
beautiful	1 brèagha	bree·a·uh
	2 bòidheach	baw·yoch
	3 àlainn	ah·leeñ
foul, not nice	1 grànda	grah·duh
	2 mosach	mossoch
	3 suarach	soe·urroch
the sun	a' ghrian	uh ghree·un
the moon	a' ghealach	uh yalloch
the stars	na reultan	nuh raeltun
blue sky	adhar gorm	A·urr gorrom
blowing	a' sèideadh	uh shae·jugh
cloudy	sgòthach	skaw·och
downpour	tuil	tool
drizzle, fine rain	smùid-uisg'	smooj ooshk
frost, freezing	reothadh	raw·ugh
hail-stones	clachan-meallain	clachun m·yallan
ice	deigh	jih·ee
lovely	sgoinneil	skin·yell
miserable	truagh/bochd	troo·ugh/bochk
mist	ceò	k·yaw

21

mud	poll	puh·ool
pouring	a' dòrtadh	uh dawr·shtugh
puddle, pool	lòn	lawn
rain, water (the rain)	uisge (an t-uisge)	ooshk·yuh (un tooshk·yuh)
raindrop	boinneag uisge	bonnyack ooshk·yuh
sleet	fline	fleenuh
snow, the snow	sneachda, an sneachda	shñachkuh, un shñachkuh
snowing	a' cur/a' cabhadh	uh koor/uh cavugh
snowman	bodach sneachda	boddoch shñachkuh
snow plough	crann sneachda	kra·oon shñachkuh
stormy	stoirmeil	stirrimell
(a great) storm	stoirm (mhòr)	stirrim voer
sultry	bruthainneach	brooheenyoch
thawing	ag aiteamh	uh getchuv
the wind	a' ghaoth	uh gheu
North wind	gaoth a tuath	geu uh too·uh
South wind	gaoth a deas	geu uh jess
East wind	gaoth an ear	geu un yerr
West wind	gaoth an iar	geu un yee·urr
I think it might freeze tonight	Cha chreid mi nach bi reothadh ann a-nochd	cha chritch mee nach bee raw·ugh a·oon unnochk
The children are playing in the snow	Tha a' chlann a' cluich anns an t-sneachda	ha uh chla·oon uh cloo·eech unsun trachkuh
My hands are frozen	Tha mo làmhan reòdht'	ha mo lahvun rawt
I am soaked	Tha mi bog fliuch	ha mee boek flooch
The wind was blowing/whistling	Bha a' ghaoth a' sèideadh/a' feadalaich	va uh gheu uh shae·jugh/uh fedaleech
There's a strong cold wind	Tha gaoth fhuar làidir ann	ha geu oo·urr lah·jir a·oon
The trees were shaking in the wind	Bha na craobhan a' crathadh anns a' ghaoith	va nu creuvun uh cra·hugh unsuh gheu·ee
The wind has dropped now	Tha a' ghaoth air leigeil fodha	ha uh gheu ir l·yeekell fawuh
The midges are bad tonight	Tha a' mheanbh-chuileag dona a-nochd	ha venna choolack donnuh unnochk
You can't see the hills for mist	Chan fhaic thu na beanntan leis a' cheò	chan echk oo nuh b·ya·oontun lish uh ch·yaw
It was so wet that the grass turned to mud	Bha e cho fliuch 's gun deach am feur 'na pholl	va eh choe flooch skoon jach um fee·ar na fowl
We had a poor summer	Bha samhradh truagh againn	va sa·oorugh troo·ugh ackeeñ
It was warm in the spring	Bha e blàth as t-earrach	va eh blah ush tcharroch

Do you think it will be nice tomorrow?	A bheil thu 'smaoineachadh gum bi e brèagha a-màireach?	Uh vil oo smeun·yochugh goom bee eh bree·a·uh umahrock?
If it's nice tomorrow, we will go . . .	Ma bhios e brèagha a-màireach, thèid sinn . . .	ma viss eh bree·a·uh umahroch, haej sheeñ . . .

Outdoors: Landscape & Wildlife

1 In the Country 2 At the Shore 3 Fishing

1 In the Country

Will we go for a trip today?	An tèid sinn cuairt an-diugh?	un jae·j sheeñ coe·ursht un joo?
Where will we go?	Càit an tèid sinn?	kahtch un jaej sheeñ?
to the shore	dhan tràigh	ghan trah·ee
for a walk on the moor	cuairt air a' mhòintich	coe·ursht ir uh vawn·tcheech
What's the name of that mountain?	Dè'n t-ainm a th'air a' bheinn ud?	jaen tannam uh hir uh veh·eeñ oot?
That's . . . (Ben Dorain)	'Se sin . . . (Beinn Dòbhrain)	sheh shin . . . (beh·eeñ doe·ran)
What a beautiful view!	Abair sealladh brèagha!	abbir shallugh bree·a·uh
Look at that!	Seall sin/coimhead sin	sha·ool shin/coyut shin
What is it?	Dè th'ann?	jae ha·oon?
What do you see?	Dè tha thu 'faicinn?	jae ha oo fechkeeñ?
high mountains	beanntan àrda	b·ya·oontun arduh
green glens	gleanntan uaine	gla·oontun oo·an·yuh
an island in the middle of the loch	eilean am meadhan an locha	illan umee·an un lochuh
The surface of the loch is like a mirror	tha uachdar an locha mar sgàthan	ha oo·uch·kur un lochuh mar skah·han
Is it far away? (nearby)	A bheil e fad às? (faisg air làimh)	uh vil eh fat ass? (fashkir lah·eev)
Here's a sheltered spot	Seo àite fasgach	shaw ah·tchuh fasskoch
Which direction is . . .?	Dè 'n taobh a tha . . .?	jaen teuv uh ha . . .
(on) the top of the mountain	(air) mullach na beinne	ir mooloch nuh benn·yuh
What sound do you hear?	Dè 'm fuaim a tha thu 'cluinntinn?	jaem foo·um uh ha oo cluh·eentcheeñ?
. . . the leaves rustling	na duilleagan a' crathadh	nuh doolyackun uh cra·hugh
the murmur of the river	torman na h-aibhne	torroman nuh hah·een·yuh
the lowing of cattle	geumnaich a' chruidh	gaem·reech uh chroo·ee
the bleating of sheep	mèilich nan caorach	meh·leech nung keu·roch
a dog barking	cù a' comhartaich	coo uh caw·urteech
the birds singing	na h-eòin a' seinn	nuh h·yawn yuh sheh·eeñ

Topography

the North	taobh a tuath	teuv uh too·uh
the South	taobh a deas	teuv uh jess
the East	taobh an ear	teuv un yerr
the West	taobh an iar	teuv un yee·urr
bothy	bothan	bohan
bridge	drochaid	droch·eetch
ditch, pit	sloc	slochk
dyke, dykes (stone wall)	gàrradh, gàrraidhean	gahrugh, gahreeyun
field	achadh/buaile	achugh/boo·ulluh
a sheep fold	crò or faing	craw/fa·eeng
glen(s)	gleann (glinn)	gla·oon (gleeñ)
hill(s)	cnoc (cnuic)	crochk (creechk)
hollow(s)/corry(ies)	coire (coireachan)	corruh (corrochun)
house(s)	taigh(ean)	tuh·ee(yun)
island(s)	eilean(an)	illan(un)
loch(s)/lake(s)	loch(an)	loch(un)
moor	monadh or mòinteach	monnugh/mawn·tchoch
mountain(s)	beinn (beanntan)	beh·eeñ (b·ya·oontun)
a mountain pass	bealach	b·yalloch
path/track	frith-rathad	fri rah·at
peak	sgòrr or sgùrr	skawr/skoor
peat-bog	poll-mònach	puh·ool mawnoch
pool	lòn or linne	lawn/l·yeeñuh
river	abhainn	a·veeñ
road(s)	rathad (rathaidean)	rah·at (rah·eetchun)
rock(s)	creag(an)	crick (un)
a shieling	àirigh	ah·ree
slope(s)/side of hill	sliabh (slèibhtean)	shlee·uv (shlaev·tchun)
stone(s)	clach(an)	clach(un)
stream	allt or sruthan	a·oolt/sroo·han
wall(s)	balla (ballaichean)	baluh (bal·eechun)
above	os cionn	oes k·yoown
below/under	fo	fo
behind	air cùlaibh	ir koeliv
in front of	air beulaibh	ir bee·aliv
beside	ri taobh	ree teuv
on top of	air mullach	ir mooloch
across	thairis air or tarsainn	harrish ir/tar·seeñ
steep	cas	cass
gentle, level	rèidh	rae
rocky	creagach	crickoch
wide	farsainn or leathann	far·seeñ/l·yehun
narrow	cumhang or caol	coo·ung/ceul
safe	sàbhailte	sah·valtchuh
dangerous	cunnartach	coonurtoch

Flora & Fauna

What kind of (tree) (bird/flower) is that?	Dè seòrsa (craobh) (eun/dìthean) a tha sin?	jae shawrsuh (creuv) (ee·añ/jee·han) uh ha shin?
It's a . . .	'Se . . . a th'ann	sheh . . . uh ha·oon
tree(s)	craobh(an)	creuv(un)
a wood (woods)	coille (coilltean)	keul·yuh (keu·eeltchun)

25

branch(es)	geug(an)	gae·g(un)
leaf (leaves)	duilleag(an)	dool·yack(un)
birch	beithe	bae·huh
oak	darach	darroch
pine	giuthas	g·yoo·uss
willow	seileach	shilloch
yew	iubhar	yoo·ur
plant(s)	lus(an)	looss(un)
grass (on the grass)	feur (air an fheur)	fee·ar (irrun yee·ar)
bush	preas	press
gorse, whin	conasg	connusk
blossom	blàth	blah
root(s)	freumh(an)	free·av(un)
berries	dearcan	jerkun
bog-cotton	canach	cannoch
docken	copag	coppack
ferns	raineach	rannoch
heather	fraoch	freuch
moss	còinneach	cawn·yoch
nettles	deanntagan	ja·oontackun
rushes	luachair	loe·uchur
flower(s)	dìthean(an)/sìthean-(an)	jee·han(un)/shee·han(un)
clover	seamrag	shammerack
daffodil	lus a' chrom chinn	looss uh chruh·oom ch·yeeñ
daisy	neòinean	n·yawn·yan
dandelion	beàrnan-brìde	b·yarnan bree·juh
primrose(s)	seòbhrag(an)	show·rack(un)
rose(s)	ròs(an)	rawss(un)
snowdrop	gealachag-làir	g·yalluchack lahr
thistle	cluaran	cloe·urran
bird, the birds	eun, na h-eòin	ee·an, nuh h·yawñ
young bird, chick	isean	eeshan
egg(s)	ugh, (uighean)	oo (oo·yun)
nest	nead	n·yet
blackbird	lòn-dubh	lawn·doo
cockerel	coileach	killoch
cormorant	sgarbh	skarrav
crow	feannag/starrag	f·yannack/starrack
duck	tonnag	toonack
wild duck	lach	lach
gannet	sùlaire	soe·larruh
goose, (geese)	gèadh, (geòidh)	g·ee·agh (g·yoe·ee)
heron	corra-ghritheach	corruh ghree·och
hen(s)	cearc(an)	c·yerk(un)
moor-hen, grouse	cearc-fhraoich	c·yerk reu·eech
owl	coileach-oidhche	killoch eu·eech·yuh
oyster catcher	gille-brìghde	g·eel·yuh bree·juh
robin	brù-dearg	broo jarrack
seagull(s)	faoileag(an)	feu·lack(un)
sparrow	gealbhonn	g·yallavon
starling	druid	drootch
swan, (swans)	eala, (ealachan)	yalluh, (yallochun)
thrush	smeòrach	sm·yawroch

26

Wild animals, insects, etc.

ant	seangan	sh·aughan
bee	seillean	seilan
beetle	daolag	deulack
butterfly	dealan·dè	jallan jae
crane-fly (daddylong-legs)	gobh·achan	goe·lochan
deer (plural)	fir·dh (fèidh)	fee·ugh (fae·ee)
flea	deargadan	jarrackugan
fly	cuileag	coolack
fox	sionnach	shoonoch
frog	leumnachan	l·yaemrochan
hare	geàrr or maigheach	g·yahr/(n eh·och)
hedgehog	gràineag	grahn·yack
midges, gnats	a' mheanbh-chuileag	uh venna choolack
mole	famh	fav
mouse	luch or luchag	looch (loochack)
rabbit	rabaid or coineanach	rabbatch (conn yannoch)
rat	radan	rattan
spider	damhan-allaidh	davan·illey
squirrel	feòrag	f·yawr·ick
stag	damh	dav
wasp	speach	sp·yach
weasel	nios	n·yis
worm	boiteag	buh·eetchack

On the Farm

farm, farmer	tuathanas, tuathanach	too·uhannas, too·uha·noch
croft, crofter	croit, croitear	croytch, croytcher
agriculture	àiteachd	ah·tchochk
barn	sabhal	soe·ull
byre	bàthach	bah·och
corn-store, silo	iodhlann	yoolun
harvesting	a' buan	uh boowun
(fertile) land	fearann (torrach)	ferrun (torroch)
manure	innear or todhar	een·yar (tawurr)
a plough	crann-treabhaidh	cra·oon traw·ee
ploughing	a' treabhadh	uh trawugh
sowing, planting	a' cur	uh koor
tractor	tractar	tractar
crops, produce	toradh	torrugh
barley	eòrna	yawrnuh
corn	arbhar	arravur
oats	coirce	cork·yuh
rye	seagal	shickull
wheat	cruithneachd	croonyochk

domestic animals

Have you got a pet?	A bheil peata agad?	Uh vil pettuh ackut?
I have a (dog)	Tha (cù) agam	ha (coo) ackum
It won't bite you	Cha bhìd e thu	cha vee·j eh oo
It's tame	Tha e meata	ha eh mettuh
Isn't it (frisky)/cowed	Nach e tha (mear)/ diùid	nach eh ha (merr)/joo·j

27

It's frightened of you	Tha eagal air romhad	ha iggul ir raw·ut
He's frightened of dogs	Tha eagal air roimh choin	ha iggul ir roy coñ
bull/cow (the cow)	tarbh/bò (a' bhò)	tarrav/boe (uh voe)
calf/cattle	laogh/(an) crodh	leugh/(ung) croe
horse/foal	each/searrach	yach/sharroch
goat/kid	gobhar/meann	goe·wur/m·ya·oon
pig/piglet	muc/uircean	moochk/oork·yan
sheep/ram	caora/rùd	keuruh/roed
lamb/sheep (plural)	uan/caoraich	oo·an/keur·eech
dog/puppy	cù/cuilean	coo/coo·lan
cat/kitten	cat/piseag	cat/peeshack
a stray	fuadan	foo·uddan

2. At the seashore

We're going to the shore today	Tha sinn a' dol dhan tràigh an-diugh	ha sheeñ uh dollghan tra·ee un joo
What will we take with us?	Dè bheir sinn leinn?	jae vir sheen leh·eeñ?
Take ... with you	Thoir leat ...	horr let ...
What have you got in your bucket?	Dè th'agad 'na do pheile?	jae haghut na daw filluh?
Pour it out	Taom a-mach e	teum uh mach eh
What is that out on the sea?	Dè tha sin a-muigh air a' mhuir?	jae ha shin uh moo·ee ir uh voor?
It's a sailing ship	'Se bàta-seòlaidh a th'ann	sheh bah·tuh shawlee uh ha·oon
Look how the sun is shining on the sea	Seall mar a tha a' ghrian a' deàlradh air a' mhuir	sha·ool mar uh ha uh ghree·un uh jallrugh ir uh voor
Can I go in swimming?	Am faod mi dhol a-steach a shnàmh?	um feut mee ghol uh sh·tchach uh nahv?
It's not safe	Chan eil e sàbhailte	chan yil eh sah·valtchuh
It's too cold	Tha e ro fhuar	ha eh ro oo·urr
Be careful, the tide's coming in	Thoir an aire, tha an làn a' tighinn a-steach	horr un arruh, ha un lahn uh tcheeñ uh sh·tchach
What's that *smell*?	Dè 'm fàileadh tha sin?	jaem fah·lagh ha shin?
That's the smell of seaweed	'Se sin fàileadh an fheamainn	sheh shin fah·lagh un yemeeñ
What's that *sound*?	Dè 'm fuaim a tha sin?	jaem foo·um uh ha shin?
That's ...	'Se sin ...	sheh shin ...
the waves beating on the shore	na tonnan a' bualadh air an tràigh	nuh toe·nun uh boe·ullugh ir un tra·ee
the seagulls screaming	na faoileagan a' sgriachail	nuh feulackun uh skree·uchal
stones dropping in the pool	clachan a' plubraich anns an lòn	clachun uh ploobreech unsun lawn
It's starting to get cold	Tha e 'tòiseachadh a' fàs fuar	ha eh tawshochugh uh fahss foo·urr
It's time to go home	Tha thìd againn a dhol dhachaigh	ha hee jackeen yuh gholl ghachee
the sea	a' mhuir *or* an cuan	uh voor (ung coo·an)

28

of the sea	na mara	nuh marruh
(on) the shore	(air) an tràigh	(ir) un tra·ee
sand	gainmheach	gannavoch
on the sand	air a' ghainmhich	ir uh ghannaveech
a pebble shore	cladach	claddoch
ball	bàlla	bah·luh
bay	bàgh or òb	bah·gh (awb)
breaker(s)	bàirlinn(ean) or stuadh(an)	barleeñ(un)/stoo·ugh(un)
bucket & spade	peile 's spaid	pilluh s spatch
cliff	creag or sgorr	crick (skor)
sand dunes	machair	machir
foam	cop	cop
headland	rubha	roo·uh
sea-rock, reef	sgeir	skirr
rug (blanket)	plaide	pla·juh
(sand)castle	caisteal	cash·tchal
sea-water, brine	sàl	sahl
seaweed, the seaweed	feamainn, an fheamainn	femeen, un yemeen
slippery	sleamhainn	shleveeñ
sunglasses	gloineachan grèine	glonyochun graen·yuh
the tide	an làn	un lahn
high/low	àrd/ìseal	ahrd/eeshull
ebbing/flowing	a' tràghadh/a' lìonadh	uh trah·ugh/uh l·yee·unnugh
deep/shallow	domhainn/eu-domhainn	daween/eujannoch
towel	tubhailt/ searbhadair	doo·altch/sharravuddar
digging	a' cladhadh	uh cleu·ugh
fishing	ag iasgach	ug ee·usskoch
flying	ag itealaich	ug eetchaleech
jumping	a' leum	uh l·yaem
playing	a' cluich	uh cloo·eech
rowing (a boat)	ag iomramh	uh g·immuruv
running	a' ruith	uh roo·ee
sailing	a' seòladh	uh shawlugh
sunbathing	a' blianadh	uh blee·unnugh
swimming	a' snàmh	uh snahv
throwing	a' tilgeil	uh tcheeleekell
a **boat** (on the boat)	bàta (air a' bhàta)	bah·tuh (ir uh vah·tuh)
a fishing-boat	bàt-iasgaich	baht ee·usskeech
a rowing boat	eathar	eh·hur
a ship, vessel	soitheach	seh·och
bow/stern	toiseach/deireadh	toshoch/jirrugh
funnel	luidhear	looyer
keel	druim	druh·eem
mast	crann	cra·oon
oars	ràimh	rehu
rudder	stiùir	sh·tchoor
shellfish	maorach	meuroch
barnacles	bàirnich	barn·yeech
cockles	coilleagan	kill·yackun
crab	partan	porshtan
large crab	crùbag	croo·back
lobster(s)	giomach (giomaich)	gimmoch (gimmeech)
mussels	feusgain	fee·uskañ
oysters	eisirean	ishirrun

shrimps	carrain	carrañ
whelks	faochagan	feuchackun
the **fish**, the fishes	an t-iasg, na h-iasgan	un tchee·usk, nuh hee·uskun
cod	trosg	trosk
eel	easgann	esskun
flounder	lèabag, leòbag	l·yoe·back
haddock	adag	adack
herring	sgadan	skaddan
ling	langa	laghuh
mackerel	rionnach	roonoch
perch	creagag	crickack
pike	geadas	g·yeddus
salmon	bradan	braddan
sprats, cuddy-fish	cudaigean	coo·deeken
trout (pl)	breac (bric)	brechk (breechk)
whiting	cuiteag	cuh·eetchack
otter	dòbhran	doe·ran
seal	ròn	rawn
whale	muc-mhara	moochk·varruh

3. Fishing
(for types of fish, see above)

I am going fishing	Tha mi 'dol a dh'iasgach	ha mee doll uh yee·uskoch
Where's the best place?	Dè 'n t-àite as fheàrr?	jaen tah·tchuh shahr?
It's calm tonight	Tha e ciùin a-nochd	ha eh k·yoon yunnochk
There's a fine rain	Tha smùid uisg' ann	ha smooj ooshk a·oon
That's the best thing	'Se sin as fheàrr	sheh shin ush ahr
How many fish did you catch?	Co mheud iasg a ghlac thu?	coe vee·ut ee·usk uh ghlachk oo?
Not one	Cha do ghlac gin	cha daw ghlachk g·in
It was this big . . .	Bha e cho mòr ri seo . . .	va eh choe moer ree shaw . . .
It got away	Fhuair e air falbh	hoo·ur eh ir fallav
Don't you believe me?	Nach eil thu 'gam chreidsinn?	nach il oo gam chritcheeñ?
cast, casting	tilg, a' tilgeil	tcheeleek, uh tcheeleekel
(strong) current	sruth (bras)	stroo (brass)
fishing rod	slat iasgaich	slaht ee·uskeech
floating	air bhog, air flod	ir voek, ir flot
a fly, (the fly)	cuileag, (a' chuileag)	coolack, (uh choolack)
a hook	dubhan	doo·an
a line	driamlach	dree·umloch
a net, (nets)	lìon, (lìn)	l·yee·un (l·yeeñ)
a reel	ridhil	ree·eel
let out/pull in	leig a-mach/tarraing a-steach	l·yeek uh mach/tarring guh sh·tchach
sinking	a' dol fodha	uh doll fawuh
a weight	cuideam	coo·jum

Place Names: Home & Abroad

English	Gaelic	Pronunciation
Where are you going?	Càit a bheil thu 'dol?	kahtch uh vil oo doll?
I'm going to Glasgow	Tha mi 'dol a Ghlaschu	ha mee doll uh Ghlasschoo
to	do/dha/gu/a	daw/gha/goo/uh
Where are you from?	Co às a tha thu?	coe ass uh ha oo?
I'm (from Glasgow)	'Sann (à Glaschu) a tha mi	sa·oon (a Glasschoo) uh ha mee
from	bho/o/à (às)	voe/oe/a (ass)
I live in Inverness	Tha mi 'fuireach an Inbhir Nis	ha mee fooroch un yeenyerneesh
Where have you come from?	Co às a thàinig thu?	coe ass uh hah·neek oo?
I have come (from the Islands)	'Sann (às na h-eileanan) a thàinig mi	sa·oon (ass nuh hillanun) uh hah·neek mee
What language is that?	Dè 'chànain a tha sin?	jae chah·nan yuh ha shin?
It's French	'Se Fraingeis a th'ann	sheh Frang·geesh uh ha·oon
He's a Frenchman	'Se Frangach a th'ann	sheh Frang·goch uh ha·oon
Were you ever . . .	An robh thu riamh . . .	un roe oo ree·uv . . .
. . . abroad?	. . . thall thairis?	. . . ha·ool harrish?
. . . in England?	. . . ann an Sasainn?	. . . ann un Sasseen?
. . . in Barra?	. . . ann am Barraigh?	. . . ann um Barra·ee?
Just once/No, never	Bha aon uair/cha robh a riamh	va eun oo·urr/cha roe uh ree·uv
I went to America last year	Chaidh mi dh'Ameireaga an uiridh	cha·ee mee ghammeruga un ooree

Around Scotland

English	Gaelic	Pronunciation
the Islands	na h-eileanan	nuh hillanun
the mainland	tir mòr	tcheer moer
the Highlands	a' Ghaidhealtachd	uh Gheh·ulltochk
the Lowlands	a' Ghalltachd	uh Gha·ooltochk
the Cuillin Hills	an Cuileann	ung Coolun
Caithness	Gallaibh	Gah·luv
Sutherland	Cataibh	Cattuv
the Minch	an Cuan Sgìth	ung coo·an skee
the North Sea	an Cuan a Tuath	ung coo·an uh too·uh
the Atlantic Ocean	an Cuan Siar	ung coo·an shee·urr

Scottish Islands

English	Gaelic	Pronunciation
Shetland	Sealtainn	shall·teeñ
Orkney	Arcaibh	arkuv
Lewis (Lewisman)	Leòdhas (Leòdhasach)	l·yoe·uss (l·yoe·ussoch)
Harris (Harrisman)	na Hearadh (Hearach)	nuh herrugh (herroch)

Uist	Uibhist (Uibhisteach)	oo·eestch (oo·eeshtchoch)
Benbecula	Beinn a' Bhaghla	beh·een yuh veuluh
Barra	Barraigh (Barrach)	barra·ee (barroch)
Skye	an t-Eilean Sgiathanach (Sgiathanach)	untchillan skee·uhannoch (skee·uhannoch)
Tiree	Tiriodh (Tiristeach)	tchirr·eeyuh (tchirr·eeyoch)
Mull	Muile (Muileach)	mooluh (mooloch)
Iona	Eilean Idhe	illan ee·uh
Islay	Ile (Ileach)	eeluh (eeloch)

Scottish Towns

Aberdeen	Obair Dheadhain	oe·burr·eh·eeñ
Dundee	Dun-dèagh	doon jae
Edinburgh	Dun Eideann	doon ae·jun
Fort William	an Gearasdan	ung g·yerrustan
Fraserburgh	a' Bhruach	uh vroo·uch
Glasgow	Glaschu	glass·choo
Inverness	Inbhir Nis	een·yerneesh
Oban	an t-Oban	un tawban
Perth	Peairt	p·yarsht
Portree	Port-rìgh	porsht ree
Stirling	Sruighlea	stree·la·ee
Stornoway	Steòrnabhagh	sh·tchorn·uvagh
Wick	Inbhir Ùige	eenyer oog·yuh

International

Belfast	Beul Feirst	b·yal f·yarsht
Dublin	Bail Ath Cliath	bal A clee·uh
London	Lunnainn	looneen
Rome	an Ròimh	un roy

(Other Capitals are as in English)

	Country	(pronunc.)	Countryman	Language
America	Ameireaga	ammeruga	Ameireaganach	
Australia	Astràilia	astrah·lee·a	Astràlianach	
Canada	Canada	canada	Canadianach	
(Nova Scotia)	Alba Nuadh	alabbuh noo·agh		
China	Sìna	sheena	Sìneach	Sìneach
England	Sasann	sassun	Sasannach	Beurla (b·yirluh
France	an Fhraing	uh ra·eeng·g	Frangach	Fraingeis
Germany	A' Ghearmailt	uh yerrum·altch	Gearmailteach	Gearmailteis
India	na h-Innsean	nu heenshun	Innseanach	Innseanach
Ireland	Eireann	ae·run	Eireannach	Gàidhlig Éirinn
Italy	an Eadailt	un yedd·altch	Eadailteach	Eadailteis
Russia	Ruisia	roosh·ee·a	Ruiseanach	Ruiseanach
Scotland	Alba	alabbuh	Albannach	Gàidhlig/Beurla
Spain	an Spàinn	un spahñ	Spàinnteach	Spàinnteis
Switzerland	an Eilbheis	un yillivish·tch	Eilbhisteach	
Wales	a' Chuimrigh	uh choomurry	Cuimreach	Cuimris/Beurla

Britain	Breatann	breh·tun	Breatannach
Europe	an Roinn	un royn	Eòrpach
	Eòrpa	yorpuh	
the United States	na Stàitean Aonaichte	nuh stah·tchun euneech·tchuh	

Travelling — Transport & Accommodation

1 Transport   2 Accommodation

1 Transport
(For town names used in conversation, see also previous section)

General

English	Gaelic	Pronunciation
We are touring the Highlands	Tha sinn a' tadhal air a' Ghaidhealtachd	ha sheen yuh teu·ul ir uh Gheh·ultochk
I'd like to see some of Scotland	Bu toil leam eòlas a chur air Alba	boo toloom yawluss uh choor ir Alabbuh
My ancestors came from Sutherland	'Sann à Cataibh a bha mo shìnnsearan	sa·oon a Cattuv uh va mo heensharrun
I'd like to see the place	Bu toil leam an t-àite fhaicinn	boo toloom un tah·tchuh ech·keeñ
Are you on holiday?	An e saor-làithean a th'agaibh?	un yeh seur lah·yen uh hackuv?
Yes/No	'Se/chan e	sheh/chan yeh
I'm working	Tha mi 'g obair	ha mi goebir
I came to a meeting	Thàinig mi gu coinneamh	hah·neek mee goo coen·yuv
I want to go to . . . (Dundee)	Tha mi 'g iarraidh a dhol a . . . (Dhundèagh)	ha mee g·ee·urry uh gholl uh . . . (ghoon jae)
How can I get there?	Ciamar a gheibh mi ann?	kimmer uh yaev mee a·oon?
by bus or train	air a' bhus no air an trèn	ir uh vuss no ir un trèn
Which is the best way?	Dè 'n dòigh as fheàrr?	jaen daw yush ahr?
Is it far away?	A bheil e fad às?	uh vil eh fat ass?
How far?	Dè cho fada?	jae choe fattuh?
a mile or two/fifty miles	Mìle no dhà/leth-cheud mìle	meeluh no ghah/ l·yech·yut meeluh
I have to be in Perth by Monday	Feumaidh mi bhith ann am Peairt Diluain	faemee mee vee ann um P·yarsht jee loe·un
I'm meeting friends there	Tha mi 'coinneachadh chàirdean an sin	ha mee coen·yochugh char·jun uh shin
I'm going home that day	Tha mi 'dol dhachaigh an là sin	ha mee doll ghachee un lah shin
When will you be back?	Cuine bhios tu air ais?	koonyuh viss doo ir ash?
As soon as I can	Cho luath 's as urrainn dhomh	choe loe·uh siss ooreeñ ghoe

By car

English	Gaelic	Pronunciation
Can you tell me . . .	An innis thu dhomh . . .	un yeensh oo ghoe . . .

Which is the best road to Inverness?	Dè 'n rathad as fheàrr a dhol a dh'Inbhir Nis?	jaen rah·at ush ahr uh gholl uh yeenyerneesh?
the Perth road is quicker	'Se rathad Pheairt as luaithe	sheh rah·at F·yarsht iss loe·uh·yuh
the Fort William road is more scenic	'Se rathad a' Ghearasdain as brèagha	sheh rah·at uh Yerrussdañ uss bree·a·uh
distance	astar	asstur
door(s)	doras (dorais)	dorrus (doreesh)
engine	einnsean	enshun
fast, faster	luath, nas luaithe	loe·uh, nuss loe·uh·yuh
far away	fad às	fat ass
gallon	galan	gallan
glass	gloine	glon·yuh
the horn	an dùdach or a' chonochag	un doodoch (uh chonnochack)
the light(s)	an solas (na solais)	un solluss (nuh soleesh)
map	cairt-iùil	carsht yool
mile, miles	mìle, mìltean	meeluh, meeltchun (see also P. 000)
mirror	sgàthan	skah·han
near (us)	faisg (oirnn)	fashk awrñ
petrol, oil	ola	olluh
pint	pinnt	peentch
(road) sign	soidhne	suh·eenuh
seats	suidheachain	soo·yochañ
slow, slower	mall, nas maille or slaodach, nas slaodaich	ma·ool, nuss moll·yuh (sleudoch, nuss sleudeech)
speed	astar or luathas	asstur, loe·uss
at speed	aig astar	eck asstur
steering-wheel	cuibhle-stiùiridh	kuh·eeluh sh·tchoory
the wheel(s)	a' chuibhle (na cuibhleachan)	uh chuh·eeluh (nuh kuh·eelochun)
window, (the windows)	uinneag (na h-uinneagan)	oonyack (nuh hoon·yackun)
windscreen	uinneag-toisich	oonyack tosheech
We'll set off early	Togamaid oirnn tràth	toe·cummeetch awrn trath
We should arrive . . .	Bu chòir dhuinn ruighinn	boo chawr ghuh·eeñ ree·eeñ
. . . before dark	. . . mus bi e dorch	. . . muss bee eh dorroch
. . . before tea-time	. . . roimh àm tea	. . . roy a·oom tea
Who's going in the back?	Cò tha 'dol sa' chùl?	coe ha doll suh choel
I am/Not me	Tha mise/Chan eil mise	ha meeshuh/chan yil meeshuh
I'm sitting in the front	Tha mise 'suidhe san toiseach	ha meeshuh soo·yuh sun toshoch

Facilities on the road

Where will we stop to eat?	Càit an stad sinn a dh'ithe?	kahtch un stat sheeñ uh yeechuh?

I want a place where the children can play	Tha mi 'g iarraidh àit' far am faod a' chlann a chluich	ha mee g·ee·urry ahtch far um feu<u>t</u> uh ch<u>l</u>a·oon uh ch<u>l</u>oo·eech
I'd prefer a place with a toilet and cafe too	B'fheàrr leam àite le taigh beag agus cafe cuideachd	b·yahr loom ahtch le <u>t</u>uh·ee bick ughuss cafe coo·jochk
You should try . . .	Bu chòir dhuibh . . . fheuchainn	boo chawr ghuh·eev . . . ee·acheeñ
Where is the next petrol station?	Càit a bheil an ath-stèisean ola?	kahtch uh vil u<u>n</u> A steshun o<u>ll</u>uh?
It's still quite a distance away	Tha e astar math air falbh fhathast	ha eh as<u>s</u>tur ma ir fa<u>l</u>av hah·ast
Will we get food there as well?	Am faigh sinn biadh an sin cuideachd?	um fa·ee sheeñ bee·ugh uh shin coojochk?

In the car

Do you know the road?	An aithne dhuit an rathad?	u<u>n</u> ann·yuh ghoo<u>t</u> un rah·<u>at</u>?
Yes/No	'S aithne/Chan aithne	sann·yuh/cha<u>n</u> ann·yuh
It has changed	Tha e air atharrachadh	ha eh ir A·hurrochugh
They're working on the road	Tha iad ag obair air an rathad	hah<u>t</u> ug oebir irru<u>n</u> rah·<u>at</u>
There's a new bridge	Tha drochaid ùr ann	ha <u>d</u>rocheetch oor a·oo<u>n</u>
It's much better than it used to be	Tha e mòran nas fheàrr na chleachd e bhith	ha eh moe·ran nush ahr na chlechk eh vee
That caravan is keeping us back	Tha 'n carabhan sin a' cur maill' oirnn	hang caravan shin uh coor ma·eel yawrñ
Overtake it then	Falbh seachad air ma tha	fa<u>l</u>av shachu<u>t</u> ir ma ha
You're driving too fast/too slow	Tha thu 'dràibheadh ro luath/ro mhall	ha oo <u>d</u>ruh·eevugh ro <u>l</u>oe·uh/ro va·oo<u>l</u>
Shall I take a spell at the wheel?	An gabh mis' a' chuibhle greis?	ung gav meesh uh chuh·eeluh grish?
The children are making too much noise	Tha a' chlann a' dèanamh cus fuaim	ha uh ch<u>l</u>a·oon uh jannuv cooss foo·um
Look out!	Thoir an aire!	hor u<u>n</u> arruh!
There's a sheep on the road	Tha caora air an rathad	ha keuruh ir u<u>n</u> rah·<u>at</u>
The road's slippery	Tha an rathad sleamhainn	ha u<u>n</u> rah·<u>at</u> shleh·veeñ
Shut up!	Dùin do bheul!	<u>d</u>oon <u>d</u>aw vee·<u>a</u>l
Stop nagging me	Sguir a throd rium	skoor uh h·ro<u>t</u> room
Do you want to get out and walk?	A bheil thu 'g iarraidh a dhol a-mach a choiseachd?	uh vil oo g·ee·urry uh gho<u>ll</u> uh mach uh choshochk?

By Public Transport

aboard	air bòrd	ir bawrd
aeroplane	plèn or itealan	plehn (eetchullan)
the boat	am bàta	um bah·tuh
on the boat	air a' bhàta	irruh vah·tuh
the bus	am bus	um buss
on the bus	air a' bhus	irruh vuss
busy/quiet	trang/sàmhach	trang·g/sah·voch
destination	ceann-uidhe	c·ya·oon oo·yuh
empty/full	falamh/làn	faloov/lahn
the fare	am faradh	um farrugh
the ferry	an t-aiseag	un tashuck
the journey	an t-astar	un asstur
the office	an oifis	un offish
payment	pàigheadh	pah·ugh
suitcases	màileidean, ceusaichean	mah·latchun, case·eechun
times	na h-uairean	nuh hoo·urrun
(on) the train	(air) an trèn	(ir) un trehn

Information

Where will I get the bus?	Càit am faigh mi am bus?	kahtch um fa·ee mee um buss?
Do you know . . .	A bheil fios agad . . .	uh vil fiss ackut . . .
when the train leaves?	cuin' a bhios an trèn a' falbh?	koon·yuh viss un trehn uh falav?
It leaves at . . .	Bidh e 'falbh aig . . .	bee eh falav eck . . .
How long does it take to get to . . .?	Dè cho fada 's a bhios e mus ruig e . . .?	jae choe fat suh vee·uss eh mooss reek eh . . .?
It'll take three hours	Bidh e trì uairean a thìde	bee eh tree oo·urrun uh hee·juh
Which route does it take?	Dè 'n ràthad a bhios e 'dol?	jaen rah·at uh viss eh doll?
Does it stop anywhere?	Am bi e 'stad air an rathad?	um bee eh stat irrun rah·at?
Does the boat connect with the train for . . .?	Am bi am bàta a' coinneachadh an trèn gu . . .	um bee um bah·tuh uh coen·yochugh un trehn goo . . .
Is food available?	A bheil biadh r'a fhaighinn?	uh vil bee·ugh ra ayeeñ?
Has the train left yet?	An do dh'fhalbh an trèn fhathast?	na ghalav un trehn hah·ast?
the Glasgow train?	trèn Ghlaschu?	trehn ghlass·choo?
Yes	'Se or seadh	sheh (shugh)
You're too late. It's gone.	Tha thu ro fhadalach. Tha e air falbh.	ha oo ro adalloch. Ha eh ir falav.
When does the next one go?	Cuine dh'fhalbhas an ath-fhear?	coon·yuh ghalavuss un A herr?
Where is the phone?	Càit a bheil am fòn?	kahtch uh bil um phone

Tickets
(for money, see P. 62)

I want tickets	Tha mi 'g iarraidh ticeidean	ha mee g·ee·urry tickatchun

37

Where do you wish to go?	Càit a bheil sibh ag iarraidh a dhol?	kahtch uh vil shiv ug ee·urry uh gholl?
Are you travelling alone?	A bheil thu 'dol ann leat-fhèin?	uh vil oo doll a·oon let haen?
How many of you are there?	Co mheud agaibh a tha ann?	coe vee·ut ackuv uh ha·oon?
Two adults and three children	Dithis mhòra agus triùir bheaga	jee·eesh voer·uh ughuss troor vickuh
Singles or returns?	Aon rathad no an dà rathad?	eun rah·at no un dah rah·at?
Just singles, please	Dìreach an aon rathad, ma 'se do thoil e	jeeroch un eun rah·at, ma sheh daw holl eh
I want to take my car across	Tha mi 'g iarraidh an càr a thoirt leam a-null	ha mee g·ee·urry uh hort loom ung cahr uh nool
It will cost . . . for the car, and . . . for the driver	Cosgaidh e . . . airson a' chàir, agus . . . airson an dràibheir	coss·kee eh . . . irson uh char ughuss . . . irson un druh·eever

Aboard

I'd like a seat by the window	Bu toil leam suidheachan ri taobh na h-uinneig fhaighinn	boo toloom soo·yochan ree teuv nu hoon·yeck ayeeñ
Can I smoke here?	Am faod mi smocadh an seo?	um feut mee smoch·kugh un shaw?
Yes/Sorry, no	Faodaidh/tha mi duilich, chan fhaod	feutee/ha mee dooleech, chan eut
Is anyone sitting here?	A bheil duine a' suidhe an seo?	uh vil doon·yuh uh soo·yuh uh shaw?
Nobody at all	Chan eil duine sam bith	chan yil doon·yuh sumbee
It's very warm. Shall I open the window?	Tha e glè bhlàth. Am fosgail mi an uinneag?	ha eh glae vlah. Um fosskil mee un oon·yack?
Are you comfortable?	A bheil thu comhartail?	uh vil oo kovurshtal?
Would you like anything to eat or drink?	A bheil sibh ag iarraidh rud sam bith ri ithe no ri òl?	uh vil shiv ug·ee·urry root sumbee ree eech no ree awl?
Is anyone meeting you?	Am bi duine 'tachairt riut?	um bee doon·yuh tachurt root?
Yes, my brother	Bidh, mo bhràthair	bee, mo vrah·hur

The voyage

It wasn't a bad journey	Cha b'e droch astar a bh'ann	cha beh droch asstur uh va·oon
Is it always this wild?	A bheil e an còmhnaidh cho fiadhaich ri seo?	uh vil eh ung cawnee choe fee·uh·eech ree shaw?
The weather was so bad that the boat could not sail	Bha an sìde cho dona 's nach b'urrainn dhan bhàta seòladh	va un shee·juh choe donnuh snach booreeñ ghan vah·tuh shawlugh

I was sea-sick	Bha tinneas mara orm	va tcheen·yuss marruh orrom
It was a beautiful evening — I have never seen the sea so calm	'Se feasgar bòidheach a bh'ann — chan fhaca mi riamh a' mhuir cho ciùin	sheh fess·kur baw·yoch uh va·oon — cha<u>n</u> achkuh mee ree·uv uh voor choe k·yooñ
We were below the clouds	Bha sinn fo na sgòthan	va sheeñ fo nuh skaw·un
We could see all the islands beneath us	B'urrainn dhuinn na h-eileanan gu lèir fhaicinn fodhainn	booreeñ ghuh·eeñ nuh hillannun goo l·yaer ech·keeñ faw·eeñ

2 Accommodation

a hotel	taigh-òsd'	<u>t</u>uh·ee aw<u>st</u>
a guest house	taigh-aoigheachd	<u>t</u>uh·ee uh·ee·yochk
all modern conveniences	a h-uile goireas	uh hooluh g·eurass
bed & breakfast	leabaidh 's bracaist	l·yebee s bra·coshtch
dinner	dìnnear or diathad	jeenyer (jee·uh·hu<u>t</u>)
tea	tea	tea
supper	suipear	sooy·par
room	rùm or seòmar	roowm (shawmur)
lounge	rùm-suidhe	roowm soo·yuh
dining-room	rùm-ithe	roowm eech·yuh
bedroom	seòmar-cadail	shawmur ca<u>dd</u>il
bathroom	rùm-ionnlaid	roowm yoon·latch
toilet	taigh beag	<u>t</u>uh·ee bick
upstairs	shuas an staidhre	hoo·uss un <u>st</u>uh·eeruh
downstairs	shìos an staidhre	hee·uss un <u>st</u>uh·eeruh
bath	amar/bath	ammur/bath
blanket(s)	plaide (plaideachan)	<u>pl</u>a·juh (<u>pl</u>a·jochun)
electric blanket	plaide dealain	<u>pl</u>a·juh ja<u>ll</u>an
hot water	uisge teth or bùrn teth	oosh·kuh tcheh (boern tcheh)
hot water bottle	botal teth	bo<u>tt</u>ull tcheh
sheets	anartan-leapa	annurtun l·yeppuh
shower	fras-nighe	frass n·yee·uh
sink	mias	mee·uss
towel	tubhailt or searbhadair	<u>d</u>oo·altch (sharravuddar)
bigger/smaller	nas motha/nas lugha	nuss mawuh/nuss <u>l</u>eu·uh
cold, colder	fuar, nas fhuaire	foo·urr, nuss oo·urruh
hot, hotter	teth, nas teotha	tcheh, nuss tchawuh
warm, warmer	blàth, nas blàithe	<u>bl</u>ah, nuss <u>bl</u>ah·yuh
noisy	fuaimneach	foo·umroch
quieter	nas sàmhaich	nuss sah·veech
suitable	freagarrach	frickurroch
We're looking for a place to stay	Tha sinn a' lorg àite far am fuirich sinn	ha sheeñ uh <u>l</u>orrock ah·tchuh far um fooreech sheeñ
Have you any vacancies?	A bheil rùm gu leòr agaibh?	uh vil roowm goo l·yawr ackuv?

Yes/No	Tha/Chan eil	ha/chan yil
What will it cost?	Dè chosgas e?	jae choskuss eh?
Is that bed & breakfast?	An e sin leabaidh 's bracaist?	un yeh shin l·yebee s brach·kostch?
Yes, and dinner	'Se, agus dìnnear cuideachd	sheh, ughuss jeen·yer koo·jochk
I phoned yesterday for a room. My name's . . .	Dh'fhòn mi an dè ag iarraidh rùim. Is mise . . .	ghoen mee un jae ug·ee·urry roowm. Iss meeshuh . . .
I'd like a double room (a single room)	'Se rùm dùbailte (rùm singilte) tha mi 'g iarraidh	sheh roowm doobeeltchuh (roowm shing·geeltchuh) ha meeg·ee·urry
How long will you be staying?	Dè cho fada 's a bhios sibh a' fuireach?	jae choe fattuh suh viss shiv uh fooroch?
How many nights?	Co mheud oidhche?	coe vee·ut uh·eech·yuh
How many persons?	Co mheud duine?	coe vee·ut doon·yuh?
Myself and my wife	Mi-fhìn 's mo bhean	mee heen smoe veen
Please sign the book	Sgrìobh d'ainm anns an leabhar	skreev dannam unsun l·yawr
Is there . . .	A bheil . . .	uh vil . . .
a fire/a phone/a kettle . . . in the room	teine/fòn/coire . . . anns an rùm	tchennuh/phone/corruh . . . unsun roowm
Here is your key	Seo an t-iuchar agaibh	shaw an tchoocher ackuv
What number is the room?	Dè 'n àireamh a th'air an rùm?	jaen ahruv uh hir un roowm?
Do you need anything?	A bheil rud sam bith a dhìth oirbh?	uh vil root sumbee uh yee irriv?
The room is too small	Tha an rùm ro bheag	ha an roowm ro vick
The light is broken — it needs mended	Tha an solas briste — tha e 'g iarraidh càradh	ha un sollus breesh·tchuh — ha egg·ee·urry cah·ragh
Can I have another pillow?	Am faod mi cluasag eile fhaighinn?	um feut mee cloe·ussack illuh ayeeñ?
When is breakfast?	Cuine bhios bracaist ann?	coon·yuh viss brach·coshtch a·oon?
Between 8 and 9.30	Eadar ochd is leth-uair an dèidh naoidh	eddur ochk iss l·yehur un jae·ee neu·ee
We will be in late	Bidh sinn a' tighinn a-steach anmoch	bee sheeñ uh tcheen yuh sh·tchach annamoch
Can we have a key?	Am faod sinn iuchar fhaighinn?	um feut sheen yoochar ayeeñ?
Come down at ten o'clock for a cup of tea	Thigibh a-nuas aig deich uairean ach am faigh sibh cupan tea	heekuv uh noo·ass eck jae·eech oo·urrun ach um fa·ee shiv coopan tea

40

| Will you wake me at seven o'clock? | An dùisg sibh mi aig seachd uairean? | un dooshk shiv mee eck shachk oo·urrun? |

Eating & Drinking Out

A Quick Cuppa

drink, drinking	òl, ag òl	awl, ug awl
eat, eating	ith, ag ithe	eech, ug eechuh
a cup	cupa/cupan	coopa, coopan
a mug	muga	moo·guh
(tea) spoon	spàin (tea)	spahñ (tea)
tea-pot	poit-tea	poytch tea
plate	truinnsear	truh·eensher
dish	soitheach	seh·och
a table	bòrd	bawrd
at the table/on the table	aig a' bhòrd/air a' bhòrd	eck uh vawrd/irruh vawrd
Come in and have a cup of tea	Thig a-steach 's gabh cupa tea	heek uh sh·tchach is gav coo·puh tea
I haven't much time	Chan eil mòran tìd agam	chan yil moe.ran tcheej ackum
Go on. Just a mouthful	Siuthad. Dìreach balgam	shoo·ut. jeeroch ballagum
Thank you	Tapadh leat	tappuh let
Please	Ma 'se do thoil e	ma sheh daw holl eh
Tea or coffee	Tea no cofaidh	tea no coffee
I don't mind	Tha mi coma	ha mee coe·muh
As you please	Do thoil fhèin	daw hol haen
Is it tea you prefer?	An e tea as fheàrr leat?	un yeh tea ushahr let?
I'd prefer coffee	B'fheàrr leam cofaidh	b·yahr loom coffee
Do you want milk?	A bheil thu 'g iarraidh bainne?	uh vil oo g·ee·urry bann·yuh?
Yes/No. Just a drop	Tha/Chan eil. Dìreach boinneag	ha/chan yil: jeeroch bonn·yack
It's a wee bit hot (for him) still	Tha e caran teth (dha) fhathast	ha eh carran tcheh (ghah) hah·ast
Can I have more milk?	Am faod mi tuilleadh bainne fhaighinn?	um feut mee tool·yugh bann·yuh ayeeñ?
Do you take sugar?	A bheil thu 'gabhail siùcair?	uh vil oo gaval shooch·car?
How many spoons?	Co mheud spàin?	coe vee.ut spahñ?
A spoonful/half a spoon	Làn na spàine/leth-spàin	lahn nuh spahn·yuh/l·yeh spahñ
Did you stir it?	An do chuir thu mun cuairt e?	nuh choor oo moong coe·ursht eh?
Yes/No	Chuir/cha do chuir	choor/cha daw choor
Is it sweet enough (too sweet)?	A bheil e milis gu leòr (ro mhilis)?	uh vil eh meeleesh goo l·yawr (ro veeleesh)?
It's just right	Tha e dìreach ceart	ha eh jeeroch k·yarsht
Take a cake or a biscuit	Gabh cèic no briosgaid	gav keh·ck no briskatch

42

English	Gaelic	Pronunciation
Try these. I made them myself	Feuch iad seo. 'Se mi-fhìn a rinn iad	fee·ach at shaw. Sheh mee heen uh ra·een yat
They are tasty	Tha iad blasda	ha at blass·tuh
Another cup? More cake?	Cupan eile? Tuilleadh cèic?	coopan illuh? tool·yugh keh.ck?
Another piece — a small piece?	Pìos eile — pìos beag	peess illuh — peess bick?
Thank you but I couldn't	Tapadh leat ach cha b'urrainn dhomh	tappuh let ach cha boereeñ ghoe
I'm full up!	Tha mi làn!	ha mee lahn
Are you sure (you won't take another mouthful)?	A bheil thu cinnteach (nach gabh thu balgam eile)?	uh vil oo keentchoch (nach gav oo balagum illuh)?
Yes. I'm sure of it.	Tha. Tha mi cinnteach às	ha. ha mee keentchoch ass
That was just lovely	Bha sin dìreach math/ Bha sin math fhèin	va shin jeeroch ma/va shin ma haen

In the hotel/bar

English	Gaelic	Pronunciation
(strong) drink	deoch (làidir)	joch (lah·jir)
strong/weak	làidir/lag	lah·jir/lack
a bottle/a glass	botal/gloine	bottull/glonn·yuh
a pint/a half-pint	pinnt/leth-pinnt	peentch/l·yeh peentch
water	uisge/bùrn	ooshk·yuh (boern)
(a lump of) ice	(cnap) deigh	(crapp) jih·ee
beer/whisky	leann/uisge beatha	l·yown/oosk·yuh beh·huh
wine/sherry	fìon/searaidh	fee·unn/sherry
black rum/white rum	ruma dubh/ruma geal	roomuh doo/roomuh g·yal
I am thirsty	Tha'm pathadh orm	hahm pah·ugh orrom
What do you want to drink?	Dè tha thu 'g iarraidh ri òl?	jae ha oo g·ee·urry ree awl?
John, what will you have?	Iain, dè ghabhas tusa?	ee·añ, jae ghavuss doo·suh?
I'd like a glass of lemonade	Tha mi 'g iarraidh gloine lemonade	ha mee g·ee·urry glon·yuh lemonade
Half a pint of beer, please	Leth-pinnt leann, ma 'se do thoil e	l·yeh peentch l·yown, ma sheh daw hol eh
Do you want whisky?	A bheil thu 'g iarraidh uisge-beatha?	uh vil oo g·ee·urry ooshk·yuh beh·huh?
a nip/a double	tè bheag/tè mhòr	tchae vick/tchae voer
What do you take in it?	Dè ghabhas tu ann?	jae ghavuss doo a·oon?
Nothing — I take it neat	Cha ghabh càil. Bidh mi 'ga ghabhail leis-fhèin	cha ghav cahl. Bee mee ga ghaval lish haen
a drop of water	boinneag uisge	bon·yack ooshk·yuh
That's enough	Fòghnaidh sin	foe·nee shin
How much will that be?	Dè bhios sin?	jae vee·uss shin?
What do you want with it?	Dè tha thu 'g iarraidh còmhla ris?	jae ha oo g·ee·urry kawla reesh?
A snack? Nuts or crisps?	Greim bìdh? Cnothan no crisps?	graem bee? crawun no crisps?
Nothing, thanks	Chan eil càil, tapadh leat	chan yil cahl, tappuh let

43

Cheers/Good health	Slàinte/Slàinte mhath	slahn·tchuh/slahn·tchuh va
Great health/Your health	Slàinte mhòr/Air do shlàint'	slahn·tchuh voer/ir daw lahn·tch
There's something wrong with this drink	Tha rudeigin ceàrr air an deoch seo	ha root eekin k·yahr irrun joch shaw
It has a funny taste	Tha blas neònach air	ha blass n·yawnoch ir
Perhaps there's too much water in it?	'S dòcha gu bheil cus uisge ann?	staw·chuh goo vil cooss ooshk ya·oon?
Put it back and we'll get another	Cuir air ais e 's gheibh sinn fear eile	coor ir ash eh s yaev sheeñ ferr illuh
I won't take any more	Cha ghabh mi an còrr	cha ghav mee ung cawr
I've had enough	Ghabh mi gu leòr	ghav mee goo l·yawr
Don't give him any more	Na toir dha an còrr	na dor ghah ung cawr
He's under the influence	Tha e leis an deoch	ha eh lish un joch
He's had a good drink	Tha 'n daorach air	hahn deuroch ir
He's blind drunk	Tha e 'ga dhalladh	ha eh ga ghallugh
I'll take him home	Cuiridh mise dhachaigh e	cooree meeshuh ghachee eh

**Eating a Meal
(see also P. 88)**

I'm hungry	Tha 'n t-acras orm	hahn tach·cruss orrom
Where shall we eat?	Càit an ith sinn?	kahtch un yeech sheeñ?
Here is a good place	Seo àite math	shaw ah·tchuh ma
Have you an empty table?	A bheil bòrd falamh agaibh?	un vil bawrd falluv ackuv?
There will be in a minute — you'll have to wait	Bidh air a' mhionaid — feumaidh sibh fuireach	bee irruh vinnatch — faemee shiv fooroch
Can we see a menu while we are waiting?	Am faod sinn 'menu' fhaicinn fhad's a tha sinn 'fuireach?	um feut sheeñ 'menu' ech·keeñ at suh ha sheeñ fooroch?
What do you want to eat?	Dè tha thu 'g iarraidh ri ithe?	jae ha oo g·ee·urry ree eech·yuh?

In the room, etc.

table	am bòrd	um bawrd
the chair	an seathar	un share
the place	an t-àite	un tah·tchuh
knife (knives)	sgian (sginean)	skee·un (skeenun)
fork(s)	foirc (foircichean)	fork (forkeech·yun)
spoon(s)	spàin (spàinean)	spahñ (spahn·yun)
a large spoon/a small spoon	spain mhòr/spain bheag	spahñ voer/spahñ vick
plate(s)	truinnsear(an)	truh·eensher
dish(es)	soitheach (soithichean)	seh·och (seh·eech·yun)
bowl(s)	bobhla (bobhlannan)	bowluh (bowlunnun)

44

glass(es)	gloine (gloineachan)	glon·yuh (glon·yochun)
table-cloth	tubhailt	too·altch
napkin	neapraigear	n·yeprickar
hot/cold	teth/fuar	tcheh/foo·urr
clean/dirty	glan/salach	glan/salloch
sharp/blunt	geur/maol	g·ee·ar/meul
sweet/sour	milis/searbh	meeleesh/sharrav
thick/thin	tiugh/tana	tchoo/tannuh
good/bad	dona/math	donnuh/ma
food and drink	biadh agus deoch	bee·ugh ughuss joch
breakfast	bracaist	brackoshtch
dinner	dìnnear	jeenyer
tea	tea	tea
supper	suipear	soo·eeper
(the) bread	(an t-)aran	(un t)arran
roll, rolls	roile, roilichean	rolluh, roleech·yun
(the) butter	(an t-)ìm	(un tch)eem
salt (salty)	an salann (saillte)	un sallun (sa·eeltchuh)
pepper	am piopar	um pippar
red wine	fìon dearg	fee·un jarrack
white wine	fìon geal	fee·un g·yal
rosé wine	fìon pinc	fee·un peenk
bacon	hama	hammuh
biscuits	briosgaidean	briskatchun
broth	brot/eanraich	bro·t/en·areech
cheese	càise	cah·shuh
cottage cheese	gruth	groo
(the) egg, (the) eggs	(an t-)ugh, na h-(uighean)	(un t)oo, (nuh h)ooyun
boiled eggs	uighean bruich	ooyun proo·eech
scrambled eggs	uighean pronn	ooyun pruh·oon
fried egg	ugh air praighigeadh	oo ir pra·eegugh
(the) fish	(an t-)iasg	(untch)ee·usk

(For different types of fish, see pp. 30, 71)

gravy	sugh na feòla	soo nuff·yawluh
juice	sùgh	soo
meat, the meat	feòil, an fheòil	f·yawl, un yawl

(For different types of meat, see P. 70-1)

sausages	isbeanan	eeshbannun
steak	stèic	steh·k
tomato	tomàto	tomato
vegetables:	glasraich	glassreech
beans	pònair	pawnur
cabbage	càl	cahl
carrot(s)	curran(an)	cooran(un)
lettuce	liatas	l·yee·attus
onion(s)	uinnean(an)	oon·yan(un)
peas	peasair	pessir
turnip	snèip	snehp
sweetcorn	arbhar milis	arravur meeleesh
potatoes	buntàta	boontah·tuh
boiled potatoes	buntàta bruich	boontah·tuh proo·eech
mashed potatoes	buntàta pronn	boontah·tuh pruh·oon
roast potatoes	buntàta ròsta	boontah·tuh rawstuh

45

chips	slisneagan	shlishñackun

(See P. 47 for sweets/afters, etc.)

Ordering food

What do you want?	Dè tha sibh ag iarraidh?	jae ha shiv ug·ee·urry?
I want . . .	Tha mi 'g iarraidh . . .	ha mee g·ee·urry . . .
What will you take?	Dè ghabhas sibh?	jae ghavuss shiv?
First, I'll have . . .	An toiseach, gabhaidh mi . . .	un toshoch, gavee mee . . .
then . . .	an uair sin . . .	un oer shin . . .
and after that . . .	agus às dèidh sin . . .	ughuss uss jae·ee shin . . .
What have you today?	Dè th'agaibh an-diugh?	jae hackuv un joo?
The . . . is very good	Tha an . . . glè mhath	ha un . . . glae va
I think I'll try . . .	Tha mi 'smaoineachadh gum feuch mi . . .	ha mee smeun·yochugh goom fee·ach mee . . .
Won't you try . . .?	Nach feuch sibh . . .?	nach fee·ach shiv . . .?
I don't like . . . at all	Cha toil leam . . . idir	cha toloom . . . eejir
I'm sure you'll like it	Tha mi cinnteach gun còrd e riut	ha mee keentchoch goong kawrd eh root
Have you . . .?	A bheil . . . agaibh?	uh vil . . . ackuv?
Can we have small portions for the children?	Am faigh sinn truinnsearan beaga don chloinn?	um fa·ee sheeñ truh·eensheren bickuh don chlo·eeñ?
Yes/No	Gheibh/chan fhaigh	yiv/chan a·ee
We don't do that	Cha bhi sinn a' dèanamh sin	cha vee sheeñ uh jee·annuv shin
What's the . . . like?	Ciamar a tha . . .?	kimmer uh ha . . .?
Sorry. The . . . is finished	Tha mi duilich, tha an . . . deiseil	ha mee dooleech, ha un . . . jishell
I'll take . . . instead	Gabhaidh mi . . . 'na àite	gavee mee . . . na ah·tchuh
How do you want your steak cooked?	Ciamar a tha thu 'g iarraidh an stèic agad air a dhèanamh?	kimmer uh ha oo g.ee·urry un stehk ackut irruh yee·annuv?
rare/medium/well-done	amh/meadhanach/ air a dheagh ròstadh	av/mee·annoch/irruh yae rawstugh
Would you like something to drink?	A bheil sibh ag iarraidh rudeigin ri òl?	uh vil shiv ug·ee·urry rooticken ree awl?
Will you get me a drink of water?	Am faigh sibh deoch uisge dhomh?	um fa·ee shiv joch ooshk·yuh ghoe?
We'll have a bottle/ half-bottle of wine	Gabhaidh sinn botal/ leth-bhotal fìon	gavee sheeñ bottull/ l·yeh vottull fee·un

The food comes
(see also P. 44)

Watch! The plates are hot	An air' oirbh-fhèin! Tha na truinnsearan teth	un Ar irriv haen — ha nuh truh·eensheren tcheh

46

This egg is too hard (too soft)	Tha 'n t-ugh seo ro chruaidh/(ro bhog)	hahn too shaw ro chroo·uy (ro voek)
This fish is raw (cold)	Tha 'n t-iasg seo amh (fuar)	hahn tchee·usk shaw av (foo·urr)
This meat is too tough	Tha 'n fheòil seo ro ruighinn	hahn yawl shaw ro ree·eeñ
It's overcooked	Fhuair e cus bruich	hoo·ur eh cooss proo·eech
I don't want it	Chan eil mi 'ga iarraidh	chan yil mee ga ee·urry
This is very tasty	Tha seo glè bhlasda	ha shaw glae vlasstuh
Can I have another knife — this one is blunt	Am faod mi sgian eile fhaighinn — tha 'n tè seo maol	um feut mee skee·un illuh ayeeñ — hahn tchae shaw meul
Please pass the salt	Cuir thugam an salann, ma 'se do thoil e	coor hookum un sallun, ma sheh daw hol eh
Here you are	Seo dhuit	shaw ghoot
There is too much for me	Tha cus ann dhomh	ha cooss a·oon ghoe

For Afters

Would you like anything else?	A bheil sibh ag iarraidh rud sam bith eile?	uh vil shiv ug·ee·urry root sum bee illuh?
Do you want a sweet?	A bheil sibh ag iarraidh rudeigin milis?	uh vil shiv ug·ee·urry rooticken meeleesh?
I'm not partial to sweets	Chan eil mi math air mìlsean	chan yil mee ma ir meel·shun
fruits	measan	messun
apple, apples	ubhal, ùbhlan	oo·ull, oelun
grapes	dearcan-fìona	jerkun fee·unnuh
orange(s)	orainsear(an)	oransher(un)
raspberries	sùbhagan	soo·ackun
strawberries	sùbhagan-làir	soo·ackun lah·ir
cream	bàrr/uachdar	bahr/oo·uchker
ice cream	reòiteag	raw·tchack
custard	uigheagan	oo·yuckan
jelly	silidh or slaman milis	sheelee (slamman meeleesh)
milk pudding	brochan-bainne	brochan bannyuh
cake	cèic	kehk
sponge	bonnach milis or aran milis	bonnoch meeleesh (arran meeleesh)
I'll have biscuits and cheese	Gabhaidh mise briosgaidean is càise	gavee meeshuh briskatchun iss cah·shuh
Do you have oatcakes or cottage cheese?	A bheil aran-coirce no gruth agaibh?	uh vil arran corkuh no groo ackuv?

The final reckoning

That was a lovely meal	'Se biadh math a bha sin	sheh bee·ugh ma uh va shin
Many thanks	Mòran taing	moe·ran ta·eeng

You're welcome	'Se ur beatha	sheh oor beh·huh
Did you have enough?	An robh gu leòr agaibh?	un roe goo l·yawr ackuv?
Yes, plenty	Bha pailteas	va pal·tchuss
Please come again sometime	Thigibh a-rithist uaireigin	heekuv uh ree·eeshtch oo·urricken
We will indeed	Thig gu dearbh	heek goo jarrav
Can I have the bill?	Am faigh mi an cunntas?	um fa·ee mee ung coontass
Have you made a mistake?	An do rinn sibh mearachd?	un daw ra·eeñ shiv merrochk?
That's the correct price	'Se sin a' phrìs cheart	sheh shin uh freesh ch·yarsht
I haven't enough money	Chan eil gu leòr airgid agam	chan yil goo l·yawr arrag·eetch ackum
Must I wash the dishes?	Am feum mi na soithichean a nighe?	um faem mee nuh seh·eechyun uh nee·uh?

Invitations — Entertainments & Activities

Where will we go?	Càit an tèid sinn?	kahtch un jae·j sheeñ?
What will we do?	Dè nì sinn?	jae nee sheeñ?
Where will we meet?	Càit an coinnich sinn?	kahtch ung coen·yeech sheeñ?
When will it start?	Cuine thòisicheas e?	coon·yuh hawsheechuss eh?
with me	còmhla rium	kawla room
with you	còmhla riut	kawla root
with us	còmhla ruinn	kawla reen
Are you coming?	A bheil thu 'tighinn?	uh vil oo tchee·eeñ?
Yes/No	Tha/chan eil	ha/chan yil
If you like	Ma thogras tu	ma hoekruss doo
Will you come with us?	An tig thu còmhla ruinn?	un jeek oo kawla reeñ?
Yes/No	Thig/cha tig	heek/ch jeek
Do you want to go?	A bheil thu 'g iarraidh a dhol ann?	uh vil oog·ee·urry uh gholl a·oon?
Yes/No	Tha/chan eil	ha/chan yil
Why won't you come?	Carson nach tig thu?	cr·sawn nach jeek oo?
Who else is going?	Cò eile tha 'dol ann?	coe illuh ha doll a·oon?

Invitation

There's a dance tonight in the hall	Tha danns ann an nochd anns an talla	ha da·ooss a·oon unnochk unsun talluh
Would you like to come?	Am bu toil leat a thighinn?	um boo tollet uh hee·eeñ?
(to the pictures)?	(do na dealbhan)?	(daw nuh jallavun)?
You must come . . .	Feumaidh tu thighinn . . .	faemee doo hee·eeñ . . .
Come and have dinner	Trobhad 's gabh dìnnear	troe·ut skav jeenyer
Come and visit us any time	Thig a chèilidh oirnn uair sam bith	heek uh ch·yaelee awrñ oo·urr sumbee

Acceptance

That would be nice	Bhiodh sin glè mhath	vigh shin glae va
I'd be pleased to come	Bhithinn toilicht' a thighinn	vee·een tollech·tch uh hee·eeñ
I'd enjoy that	Chòrdadh sin rium	chawrdugh shin room
I'm all for it	Tha mise air a shon	ha meeshuh irruh hon
I want to see it	Tha mi 'g iarraidh fhaicinn	ha mee g·ee·urry echkeeñ
I'm willing enough	Tha mi deònach gu leòr	ha mee jawnoch goo l·yawr

49

Refusal

I'm sorry	Tha mi duilich	ha mee <u>d</u>ooleech
I can't (come)	Chan urrainn dhomh (thighinn)	cha<u>n</u> ooree<u>ñ</u> ghoe (hee·ee<u>ñ</u>)
I'm busy	Tha mi trang	ha mee <u>t</u>rang·g
I haven't time	Chan eil tìd agam	chan yil tchee jackum
I'll be away that day	Bidh mi air falbh an là sin	bee mee ir fa<u>l</u>av un <u>l</u>ah shin
I have a prior engagement	Tha mi dèanamh rudeigin mar tha	ha mee jee·annuv roo<u>t</u>icken mar ha

General

an invitation	cuireadh	coorugh
dance	danns	<u>d</u>a·ooss
dinner	dìnnear	keenyer
fair/display	fèill	fae·eel
knees-up	hò-ro-gheallaidh	hoe roe ya<u>ll</u>ee
meeting	coinneamh	coen·yuv
party	pàrtaidh	party
the pictures	na dealbhan	nuh ja<u>ll</u>avun
a play	dealbh-chluich	ja<u>ll</u>av ch<u>l</u>oo·eech
visit/get together	cèilidh	cae·lee
Are you coming out?	A bheil thu tighinn a-mach?	uh vil oo tchee·ee<u>ñ</u> uh mach?
He asked me to go out for a walk	Dh'iarr e orm a dhol a-mach cuairt	yee·urr eh orrom uh gho<u>ll</u> uh mach coe·ursht
They sent me word to come	Chuir iad fios thugam a thighinn	choor <u>at</u> fiss hookum uh hee·ee<u>ñ</u>
Won't you go with her?	Nach tèid thu còmhla rithe?	nach jae·j oo kaw<u>l</u>a ree·uh?
When should I be there?	Cuine bu chòir dhomh a bhith ann?	coon·yuh boo chawr ghoe uh vee a·oo<u>n</u>?
At eight o'clock in the evening	Aig ochd uairean feasgar	eck ochk oo·urrun fesskur
(For times, see pp.13-16)		
What shall I wear?	Dè chuireas mi orm?	jae chooruss mee orrom?
Suit yourself	Do thoil fhèin	<u>d</u>aw hol haen
Are you nearly ready?	A bheil thu gu bhith deiseil?	uh vil oo goo vee jishell?
I won't be long	Cha bhi mi fada	cha vee mee fa<u>tt</u>uh
What does it cost to get in?	Dè chosgas e a dhol a-steach?	jae choskuss eh uh gho<u>ll</u> uh sh.tchach?
I'll pay for you	Pàighidh mise dhuit	pa·ee meeshuh ghoo<u>t</u>
I hope you enjoy it	Tha mi 'n dòchas gun còrd e riut	ha meen <u>d</u>aw·chuss goong cawrd eh roo<u>t</u>
I waited for her ...	Dh'fhuirich mi rithe ...	ghooreech mee ree·uh ...
but she didn't show up	ach cha do nochd i	ach cha <u>d</u>aw nochk ee

Activities/Sports
(For fishing, outdoors, etc, See Section G)

athletics	lùth-chleasan	loo chlessun
climbing	sreap	strep
cycling	rothaireachd	roharochk
fishing	iasgach	ee·usskoch
football	ball-coise	ba·ool coshuh
photography	togail dhealbhan	toe·kal yallavun
sailing	seòladh	shawlugh
shinty	iomain	imman
skating	spèileadh	spae·lugh
ski-ing	sgìtheadh	skee·ugh
swimming	snàmh	snahv
(swimming pool)	(lòn-shnàmh)	(lawn nahv)
Do you fish?	Am bi thu 'g iasgach?	um bee oo g·ee·usskoch?
Yes/No	Bidh/cha bhi	bee/cha vee
Can you ski?	An aithne dhuit sgìtheadh?	un ann·yuh ghoot skee·ugh?
Yes/No	'S aithne/chan aithne	sann·yuh/chan ann·yuh
Are you good at swimming?	A bheil thu math air snàmh?	uh vil oo ma ir snahv?
Yes/No	Tha/chan eil	ha/chan yil
I'm learning it	Tha mi 'ga ionnsachadh	ha mee ga yoon·sochugh
I've never tried it	Cha do dh'fheuch mi riamh e	cha daw yee·ach mee ree·uv eh
but I like watching it	ach 's toil leam a choimhead	ach stoloom uh choy·ut
I go to football every Saturday	Tha mi dol don bhall-coise a h-uile Disatharn	ha mee doll don va·ool coshuh uh hooluh jee sahurn
Do you fancy a game of golf?	A bheil thu 'g iarraidh geama golf?	uh vil oo g·ee·urry g·ehmmuh golf?

During play

Would you like to dance?	A bheil thu 'g iarraidh a dhanns?	uh vil oo g·ee·urry uh gha·ooss?
I'm having a rest for a minute	Tha mi 'leigeil m'anail greiseag	ha mee l·yeekel mannal grishack
I'm not very good at dancing	Chan eil mi ro mhath air danns	chan yil mee ro va ir da·ooss
Do you come here often?	Am bi thu 'tighinn a seo tric?	um bee oo tchee·een uh shaw treechk?
Not often/fairly often	Cha bhi tric/gu math tric	cha vee treechk/goo ma treechk
Aren't you getting tired (of it)?	Nach eil thu 'fàs sgìth (dheth)?	nach il oo fahss skee (yeh?)
Isn't he a good singer?	Nach e tha math air seinn?	nach eh ha ma ir sheh·een?
What a sweet voice!	Abair guth binn!	Abbir goo been!

51

Afterwards

English	Gaelic	Pronunciation
Did you enjoy the evening?	An do chòrd an oidhche riut?	un daw chawrd un uh·eech·yuh root?
I enjoyed it very much	Chòrd e rium glan	chawrd eh room glan
So did I	Chòrd is rium-sa	chawrd iss room·suh
It was awfully good	Bha e uabhasach math	va eh oo·uvussoch ma
How did you like the play?	Ciamar a chòrd an dealbh-chluich riut?	kimmer uh chawrd un jallav chloo·eech root?
Which singer did you like best?	Cò'n seinneadair a b'fheàrr leat?	coen shen·yuddar uh b·yahr let?
I prefer ...	'S fheàrr leam ...	shahr loom ...
I liked ... best	'Se ... a b'fheàrr leam	sheh ... uh b·yahr loom
Can I take you home — I have a car	Am faod mi do thoirt dhachaigh — tha càr agam	um feut mee daw hort ghachee — ha car ackum
Yes/No	faodaidh/chan fhaod	feutee/chan eut
Shall I walk home with you?	An coisich mi dhachaigh còmhla riut?	ung cosheech mee ghachee kawla root?
Will you kiss me?	An toir thu dhomh pòg?	un dor oo ghoe pawg?
No, but I'll slap you!	Cha toir, ach bheir mi dhuit sgailc!	cha dor ach vir mee ghoot skalc!
I love you	Tha gràdh agam ort	ha gragh ackum orsht
dear/darling/sweetheart	a ghaoil/m'eudail/a leannain	uh gheul/maedal/uh lennañ
Will you marry me?	Am pòs thu mi?	um paw soo mee?
Yes/No	pòsaidh/cha phòs	paw·see/cha fawss
I want to go home	Tha mi 'g iarraidh a dhol dhachaigh	ha mee g·ee·urry uh gholl ghachee
It's late. I must go	Tha e anmoch. Feumaidh mi falbh	ha eh annamoch — faemee mee falav
That was a lovely evening	'Se oidhche mhath a bha sin	sheh uh·eech·yuh va uh va shin
Thank you for taking me out	Tapadh leat airson mo thoirt a-mach	tappuh let irson mo hort uh mach
Thank you for your company	Tapadh leat airson do chuideachd	tappuh let irson daw choojochk
You're welcome	'Se do bheatha	sheh daw veh·huh
When will I see you again?	Cuine chì mi rithist thu?	coon·yuh chee mee ree·eeshtch oo?

The Church

English	Gaelic	Pronunciation
Baptism	baisteadh	um bash·tchugh
the Bible	am Bìoball	um bee·bul
belief	an creideamh	ung critchuv
church/chapel	an eaglais	un yick·lish
(of the church)	na h-eaglaise	nuh hick·lishuh
(retiring) collection	tionaladh (anns an dealachadh)	tchinnalugh (unsun jalochugh)
Communion	an Comanachadh	ung coe·mannochugh

52

Confession	an Eisdeachd	un yaesh·jochk
the congregation	an coimhthional	ung koy·h·yinnal
holiday of obligation	Là Fèille	lah fael·yuh
holy	naomh/cràbhach	neuv/crah·voch
hymn(s)	laoidh(ean)	luh·ee(yun)
mass	aifreann	uh·eerun
the pulpit	a' chùbaid	uh choo·beetch
rosary	conair Mhoire	connir voe·ruh
the sermon	an searmon	un sherramon
the service	an t-seirbhis	un tchirruveesh
New Testament	an Tiomnadh Nuadh	un tchimmunagh noo·agh
Old Testament	an Seann Tiomnadh	un sha·oon tchimmunagh
wedding	pòsadh/banais	paw·sugh/baneesh
Are you coming to church?	A bheil thu 'tighinn dhan eaglais?	uh vil oo tcheeñ ghan yick·lish?
Can anyone attend?	Am faod duine sam bith a dhol ann?	um feut doon·yuh sum bee uh gholl a·oon?
Yes, of course	Faodaidh gu dearbh	feut·ee goo jarrav
What time does the service start?	Cuine bhios an t-seirbhis a' tòiseachadh?	coon·yuh viss un tchirrivish uh taw·shochugh?
How long does it last?	Dè cho fad 's a sheasas e?	jae choe fatsuh hessus eh?
About an hour	Mu uair a thìde	moo oo·ur uh hee·juh
Who is preaching?	Cò tha 'searmonachadh?	coe ha sherramon·ochugh?
the Reverend . . .	(tha) an t-Urramach . . .	(ha) un toorumoch . . .
the Reverend Father	an t-Athair Urramach . . .	un tahar oorumoch . . .
The church has no resident preacher just now	Tha 'n eaglais bàn an dràsda	hahn yick·lish bahn un drah·stuh
Who's precenting?	Cò tha 'togail an fhuinn?	coe ha toe·kal un uh·eeñ?
Let us pray	Dèanamaid ùrnaigh	jee·annumeetch oer·nee
Let us worship	Dèanamaid adhradh	jee·annumeetch eu·rugh
We will sing praise . . .	Seinnidh sinn a chùm a chliù . . .	shen·yee sheeñ uh choom uh chloo . . .
. . . in the 23rd psalm	anns an treas salm thairis air an fhichead	unsun tress salam harrish irrun yeechit
the Gospel according to St. John	an Soisgeul a-rèir Eòin	un soshk·yal uh rehr yawñ

Special Occasions/Greetings

Special Times of the Year

English	Gaelic	Pronunciation
April fool's day	Là na gogaireachd	lah nuh goggirochk
Easter	a' Chàisg	uh chah·shk
Halloween	oidhche Shamhna	uh·eech·yuh ha·oonuh
Christmas	Nollaig	nolla·eek
Hogmanay	oidhche Challainn	uh·eech·yuh chaleeñ
New Year	a' bhliadhn' ùr	uh vlee·un oor
New Year's day	là na bliadhn' ùire	lah nuh blee·un ooruh
at Eastertime	aig àm na Càisge	eck a·oom nuh cah·shk·yuh
an Easter egg	ugh na Càisge	oo nuh cah·shk·yuh
Christmas day	Là Nollaig	lah nolla·eek
a Christmas tree	craobh Nollaig	creuv nolla·eek
Merry Christmas	Nollaig chridheil	nolla·eek chree·yell
and	agus	ughuss
Happy New Year	Bliadhna mhath ùr	blee·unnuh va oor

General Greetings/Wedding

English	Gaelic	Pronunciation
Welcome!	Fàilte!	fal·tchuh
Congratulations!	Meal-a-naidheachd!	m·yallan·eh·ochk
birthday	là breith	lah breh
christening	baisteadh	bash·tchugh
wedding	banais or pòsadh	baneesh (paw·sugh)
bride	bean na bainnse	ben nuh ba·eenshuh
bridegroom	fear na bainnse	fer nuh ba·eenshuh
honeymoon	làithean na meala	lah·yun nuh m·yalla
speech	òraid	awratch
a hundred thousand welcomes	Ceud Mìle Fàilte!	kee·ut meeluh fal·tchuh
How old are you?	Dè 'n aois a tha thu?	jaen eush uh ha oo?
I'm twenty-one today	Tha mi aon air fhichead an-diugh	ha mee eun ir eech·yut un joo
Happy Birthday (to you)	Là breith sona (dhuit)	lah breh sonnuh (ghoot)
They are engaged	Tha iad fo ghealladh pòsaidh	ha ee·at fo yallugh paw·see
Wedding Anniversary	Co-ainm là pòsaidh	coe annam lah paw·see
Congratulations to both of you	Gu meal sibh bhur naidheachd	goo m·yal shiv voor neh·ochk
Lang may your lum reek	Gu ma fada beò sibh is ceò às ur taigh	gooma fattuh b·yaw shiv iss c·yaw ass oor tuh·ee
May all your days be happy ones	A h-uile là sona dhuibh 's gun là idir dona dhuibh	uh hooluh lah sonnuh ghuh·eev skoon lah eejir donnuh ghuh·eev
Health, wealth & happiness	Slàinte, sonas agus beartas	slahn·tchuh, sonnus ughuss b·yarshtuss

54

[I] (We) hope . . .	Tha [mi] (sinn) an dòchas . . .	ha [mee] (sheeñ) un dawchuss . . .
. . . that you have a great day	. . . gum bi là air leth agad (sing)/agaibh (pl)	goom bee lah ir l·yeh ackut/ackuv
. . . that you are always as happy as you are today	. . . gum bi sibh an còmhnaidh cho sona 's a tha sibh an-diugh	. . . goom bee shiv ung kawnee choe sonnuh suh ha shiv un joo
. . . that things go well for you	. . . gun soirbhich cùisean leat (sing)/ leibh (pl)	. . . goon sirriveech cooshun let/leh·eev
Ladies and Gentlemen	a Mhnathan 's a dhaoin-uaisle	uh vrah·hun suh ghoon·yoo·ushluh
We will have a speech from . . .	Tha sinn 'dol a chluinntinn òraid bho . . .	ha sheeñ doll uh chluh·eentch·een awratch voe . . .
We will have a few words from . . .	Cluinnidh sinn facal no dhà bho . . .	cluh·een·yee sheeñ fachkull no ghah voe . . .
. . . will say grace	gabhaidh . . . an t-altachadh	gavee . . . un altochugh cha roe mee ree·uv choe
I was never happier than I am today	Cha robh mi riamh cho toilicht' 's a tha mi 'n-diugh	tolleech·tch suh ha meen joo

Birth

She's pregnant	Tha i trom	ha ee truh·oom
She's expecting a baby	Tha dùil aice ri leanabh	ha dool echk·yuh ree l·yenniv
When are you expecting the baby?	Cuine tha dùil agad ris an leanabh?	coon·yuh ha dool ackut rish un l·yenniv?
in June	anns an Og-mhìos	unsun awg veess
It's a [boy] (girl)	'Se [gille] (nighean) a th'ann	sheh [g·eel·yuh] (n·yee·un) uh ha·oon
It's twins!	Tha dà leanabh ann!	ha dah lenniv a·oon!
The baby was born at . . .	Rugadh an leanabh aig . . .	rookugh un l·yenniv eck . . .
It was . . . in weight	Bha e . . . a chuideam	va eh . . . uh choojum

In Town — Asking for Directions

1. Places in town   2. Offices & Institutions   3. Asking Directions
(For Shops/Shopping, see Next Section)

Places in Town

the bank	am banca	um bankuh
the buses	na busaichean	nuh busseech·yun
the castle	an caisteal	ung cash)tchal
(the) church	(an) eaglais	(un) igleesh
the college	an colaisde	ung collash·tchuh
(the) hospital	(an t-) ospadal	un ossputal
(the) hotel	(an) taigh-òsda	(un) tuh·ee awst
the library	an leabhar-lann	un l·yawr la·oon
the market	a' mharcaid	uh varkatch
a mechanic	ìnnleadair	eeyluddar
the museum	an taigh-tasgaidh	un tuh·ee taskee
the park	a' phàirc	uh fahrk
a petrol pump	pump ola	pump olluh
a car-park	làrach-chàraichean	lahroch chahreechun
(multi-storey)	(ioma-lobhtach)	(immuh loe·toch)
the post office	oifis a' phuist	offeesh uh foosh·tch
the police station	oifis a' phoilis	offeesh uh folleesh
(the) school	(an) sgoil	(un) skol
the station	an stèisean	un steh·shan
a telephone	fòn	phone
the quay	an cidhe	ung kee·uh
the University	an t-oilthigh	un oll huh·ee

2. Offices and Institution Names

Board of Agriculture & Fisheries	Bòrd an Fhearainn 's an Iasgaich	bawrd un yereeñ sun yee·usskeech
the Crofters' Commission	Coimisean nan Croitearan	commishan nung crotcharun
District Council Offices	Oifisean Comhairle na Sgìre	offishun cawirl·yuh nuh skeeruh
the Education Offices	Oifisean an Fhoghlaim	offishun un eu·lum
the Electricity Board	Bòrd an Dealain	bawrd un jallañ
the Hydro-Electric Board	Bòrd an Dealan-Uisge	bawrd un jallan ooshk·yuh
the Forestry Commission	Coimisean nan Coilltean	commishan nung cuh·eeltchun
Highland Region	Roinn na Gaidhealtachd	ruh·eeñ nuh geh·ulltochk
The Highland Society	An Comann Gaidhealach	ung coe·mun geh·ulloch
The Highlands & Islands Development Board	Bòrd Leasachaidh na Gaidhealtachd	bawrd l·yessochee nuh geh·ulltochk
Regional Council Offices	Oifisean Comhairle na Roinne	offishun cawirl·yuh nuh ran·yuh

the Tourist Information Centre	Oifis Fiosrachaidh Luchd-turais	offeesh fissrochee loochk tooreesh
Western Isles Islands Council	Comhairle nan Eilean	cawirl·yuh nun yae·lan
the Youth Hostel	Taigh-òsda na h-Oigridh	tuh·ee awstuh nuh haw·gree

3. Asking Directions

I am (We are) lost	Tha mi (tha sinn) air chall	ha mee (ha sheen) ir cha·ool
Where is . . .?	Càit a bheil . . .?	kahtch uh vil . . .?
. . . a reasonable hotel	taigh-òsd reusanta	tuh·ee awst rae·suntuh
a good restaurant	taigh-bìdh math	tuh·ee bee ma
the nearest garage	an garaids as fhaisge	un garratch us sashk·yuh
a shop which sells . . .	bùth a bhios a' reic . . .	boo uh viss uh raechk . . .
the main road for . . .	an rathad mòr a . . .	un rah·at moer uh . . .
How can I get to . . .?	Ciamar a ruigeas mi . . .?	kimmer uh rook·yuss mee . . .?
We are looking for . . .	Tha sinn a' lorg . . .	hah sheen yuh lorrock . . .
Can you tell me . . .	An urrainn dhuit innseadh dhomh . . .	un oereeñ ghoot eenshugh ghoe . . .
. . . if there is . . . nearby?	. . . a bheil . . . faisg air làimh?	. . . uh vil . . . fashkir lah·eev?
Is . . . far from here?	A bheil . . . fad às?	uh vil . . . fat ass?
What way should I go to get to . . .?	Dè rathad a ghabhas mi gu ruig . . .?	jae rah·at uh ghavuss mee goo roo·eek . . .?
Am I on the right road for . . .?	A bheil mi air a rathad cheart airson . . .?	uh vil mee irruh rah·at ch·yarsht irson . . .?
I have only two days — What are the best things to see?	Chan eil agam ach dà là — Dè na rudan as fheàrr fhaicinn?	chan yil ackum ach dah lah — jae nuh rootun ushahr echkeeñ?

This is where to go

continue	cùm a' dol	koom uh doll
go	falbh or theirig	fallav (hireek)
follow	lean	l·yen
turn	tionndaidh	tchoon·da·ee
walk	coisich	kosheech
the first (road)	a' chiad (rathad)	uh chee·ut (rah·at)
the second	an dàrna	un darnuh
the third	an treas	un tress
on your left	air do làmh chlì	ir daw lahv chlee
on your right	air do làmh dheas	ir daw lahv yess
across	thairis air	hareesh ir
around/straight	timcheall air/dìreach	tcheemeech·yull ir/ jeeroch

backwards/forwards	air ais/air adhart	ir ash/ir eurt
behind/in front of	air cùlaibh/air beulaibh	ir koeliv/ir bee·aliv
beside	ri taobh	ree teuv
down/up	sìos/suas	shee·uss/soo·uss
far away/near	fad air falbh/faisg	fat ir falav/fashk
opposite	mu choinneamh	moo choen·yiv
over, above/under	os cionn/fo	oe sk·yoon/fo
past	seachad air	shachut ir
a bend	lùb	loeb
a building	togalach	toekalloch
a corner	oisean	oshan
pavement	cabhsair	ca·oo·sar
(the) place	(an t-) àite	(unt) ahtchuh
road-end	ceann an rathaid	k·ya·oon uh rah·eetch
(on the) street	(air an t-) sràid	srah·j (irrun trah·j)
(the) stairs	(na) staidhrichean	(nuh) stuh·eereech·yun
a roundabout	cuairtean	coe·urshtan
traffic lights	na solais	nuh solleesh
ambulance	carbad-eiridinn	carrabut irrijeen
bicycle	baidhseagal/rothair	bicycle/ro·har
bus(es)	bus(aichean)	bus(eech·yun)
car(s)	càr(aichean)	car(eech·yun)
coach	carbad	carrabut
fire engine	einnsean smàlaidh	enshun smahlee
lorry (lorries)	làraidh(ean)	laaree(·un)
van(s)	bhan(aichean)	van(eech·yun)
Go down this road	Theirig sìos an rathad seo	hirreek shee·uss un rah·at shaw
Keep going till you reach . . .	Cùm a' dol gus a ruig thu . . .	koom uh doll goosun rook yoo
Turn left	Tionndaidh ris an làmh chlì (sometimes — làmh cheàrr)	tchoonda·ee reeshun lahv chlee lahv ch·yahr
Turn right	Tionndaidh ris an làmh dheas (sometimes — làmh cheart)	tchoonda·ee reeshun lahv yess (lahv ch·yarsht)
then	an uair sin	un oe·r shin
Stay on this side of the road	Fuirich air an taobh seo dhen rathad	fooreech irrun teuv shaw yen rah·at
Go past the station	Theirig seachad air a stèisean	hirreek shachut irruh steh·shan
Cross over to the other side	Falbh thairis dhan taobh eile	falav harreesh ghan teuv illuh
until you see . . .	gus am faic thu . . .	goo sum fechk yoo . . .
until you reach . . .	gus an ruig thu . . .	goo sun rook yoo . . .
It will be directly opposite you	Bidh e dìreach mu do choinneamh	bee eh jeeroch moo daw choen·yiv
It's a big red building	'Se togalach mòr dearg a th'ann	sheh toekalloch moer jarrack uh ha·oon

58

| It's the place beside . . . | 'Se an t-àite ri taobh . . . a th'ann | sheh un tah·tchuh ree teuv . . . uh ha·oon |
| about a hundred yards | mu cheud slat | moo chee·ut slaht |

(See p. 12 for distances)

| Go up the brae and turn at the lights | Falbh suas an leathad is tionndaidh aig na solais | falav soo·ussun l·yee·at iss tchoonda·ee eck nuh solleesh |
| It's easy to see | Tha e furasda ri fhaicinn | ha eh foorustuh ree echkeeñ |

Outcome

Don't turn here	Na tionndaidh an seo	na tchoonda·ee un shaw
You can't go left there	Chan fhaod thu dhol dhan làmh chlì an sin	chan eut oo gholl ghan lahv chlee un shin
It's a one-way street	'Se sràid aon-rathad a th'ann	sheh srah·j eun rah·at uh ha·oon
You'll need to turn and face the other way	Feumaidh tu tionndadh a dhol an rathad eile	fae·mee doo tchoondagh uh gholl uh rah·at illuh
Stop and ask someone else!	Stad is faighnich de chuideigin eile!	stat iss fuh·eenyeech jeh choojicken illuh!

Shopping

Where?

I am going to the shops	Tha mi 'dol do na bùithean	ha mee <u>doll</u> donnuh boo·yun
Where will I get . . .?	Càit am faigh mi . . .?	kahtch um fa·ee mee . . .?
You'll get that at . . .	Gheibh thu sin aig . . .	yiv oo shin eck . . .
Did you try . . .?	An do dh'fheuch thu . . .?	<u>un</u> daw yee·ach oo . . .?
Yes/Not yet	Dh'fheuch/cha do dh'fheuch fhathast	yee·ach/cha <u>daw</u> yee·ach hah·a<u>st</u>
Where is the . . .'s shop?	Càit a bheil bùth a' . . .?	kahtch uh vil boo uh . . .?

(For Directions, see Section N; For Tradesmen, see Section P)

1. The Transaction — in the shop

Please	Ma 'se do thoil e	ma sheh <u>daw</u> hol eh
Thank you	Tapadh leibh	<u>t</u>appuh liv
Very good	Glè mhath	glae va
Perhaps	'S dòcha	<u>st</u>aw·chuh
cheap/dear	saor/daor	seur/<u>d</u>eur
(the) money	(an t-) airgead	(un<u>t</u>) arrag·yu<u>t</u>
(my) purse	(mo) sporan	(mo) sporran
a bag	baga	bagguh
a purchase	ceannach	k·yan<u>n</u>och
the price	a' phrìs	uh free·eesh
useful	feumail	fae·mal

60

suitable	freagarrach/iomchaidh	frickarroch/immochee
similar (to)	coltach (ri)	colltoch ree
shop-keeper	fear na bùtha	fer nug boo·huh
the manager	am manaidsear	um manatcher
open/closed	fosgailte/dùinte	foe·skeeltchuh/ doontchuh
self-service	fèin-fhrithealadh	faen ree·halugh
What can I do for you?	Dè nì mi dhuit?	jae nee mee ghoot?
Can I help you?	Am faod mi do chuideachadh?	um feut mee daw choojochugh?
What do you want?	Dè tha thu 'g iarraidh?	jae ha oo g·ee·urry?
I'm just looking	Tha mi dìreach a' coimhead	ha mee jeeroch uh coyut
I'm being served	Tha duine a' frithealadh orm mar tha	ha doon·yuh uh free·halugh orrom mar hah
I want . . .	Tha mi 'g iarraidh . . .	ha mee g·ee·urry . . .
I'm looking for . . .	Tha mi 'lorg . . .	ha mee lorrock . . .
I want to buy . . .	Tha mi 'g iarraidh a cheannach . . .	ha mee g·ee·urry uh ch·yannoch . . .
Do you have . . .?	A bheil . . . agaibh?	un vil . . . ackuv?
I saw it (in the window)	Chunnaic mi (san uinneig) e	choonick mee (unsun oonyeck) eh
this one?	am fear seo?	um ferr shaw?
Not that one — the one beside it	chan e am fear sin — am fear ri thaobh	chan yeh um ferr shin — um ferr ree heuv
Yes — those ones	Seadh — an fheadhainn ud	shugh — un yugheen yoot
Here you are	Seo dhuit	shaw ghoot
It's not for myself	Chan ann dhomh-fhìn a tha e	chan a·oon ghoe heen uh ha eh
It's a present	'Se gibht a th'ann	sheh g·eetch uh ha·oon
I like this	'S toil leam seo	stoll loom shaw
That's no good	Chan fhiach sin	chan yee·och shin
I'm not too fond of this one	Chan eil mi ro mhath air an fhear seo	chan yil mee ro va irrun yerr shaw
Have you got another one?	A bheil fear eile agaibh?	uh vil ferr illuh ackuv?
something similar	rudeigin coltach ris	rooticken colltoch reesh
I'd prefer . . .	B'fheàrr leam . . .	b·yahr loom . . .
We haven't got that	Chan eil sin againn	chan yil shin ackeeñ . . .
How about this one?	Dè mu dheidhinn am fear seo?	jae moo yae·eeñ um ferr shaw?
Something like this?	An leithid seo?	un l·yeheetch shaw?
Have you ever tried . . .?	An do dh'fheuch thu riamh . . .?	nuh yee·ach oo ree·uv . . .?
I can't make up my mind	Tha mi eadar dà bheachd	ha mee eddur dah v·yachk
Which is best?	Cò fear as fheàrr?	coe ferr ushahr?

Buy them both	Ceannaich na dhà dhiubh	k·yanneech nuh ghah yoo
What do you think of it?	Dè do bheachd air?	jae daw v·yachk ir?
It suits you	Tha e 'tighinn riut	ha eh tcheeñ root
I'll take this	Gabhaidh mi am fear seo	gavee mee um ferr shaw
It's just right	Tha e dìreach ceart	ha eh jeeroch k·yarsht
Do you want anything else?	A bheil sibh ag iarraidh càil tuilleadh?	uh vil shiv ug·ee·urry kahl tool·yugh?
That'll do fine	Nì sin a' chùis or Nì sin an gnothach	nee shin uh choo·sh (nee shin ung graw·och)
That's the lot	'Se sin uil' e	sheh shin ool eh
Have you got a bag?	A bheil baga agad?	uh vil bagguh ackut?
Shall I wrap it for you?	Am paisg mi dhuit e?	um pashk mee ghoot eh?
Will you keep it for me?	An glèidh thu dhomh e?	ung glae yoo ghoe eh?
If it's not suitable . . .	Mur eil e freagarrach . . .	moor il eh frickarroch . . .
. . . can I change it?	. . . am faigh mi air atharrachadh?	. . . um fa·ee mee ir A·hurrochugh?
. . . can I get a refund?	. . . am faigh mi m'airgead air ais?	. . . um fa·ee mee marrag·yut ir ash?
I'll leave it just now	Fàgaidh mi an dràsd'e	. . . fah·kee mee un drahst eh
Maybe I'll come back for it	'S dòcha gun till mi air a thòir	staw·chuh goon tcheel mee irruh hawr

2 Payment — Money/price
(for numbers see Section D)

a half-penny	leth-sgillinn	l·yeh skeeleeñ
a penny	sgillinn	skeeleeñ
twenty pence	fichead sgillinn	feech·yut skeeleeñ
twenty-five pence	còig sgillinnean fichead	coe·ik skeeleen·yun feech·yut
fifty pence	leth-cheud sgillinn	l·yeh ch·yut skeeleeñ
pound(s)	not(aichean)	nawt(eech·yun)
five pounds	còig not	coe·ik nawt
dollar(s)	doilear(an)	dollar(un)
a coin	bonn	buh·oon
paper money	airgead pàipear	arrag·yut peh·par
buy, buying	ceannaich, a' ceannach	k·yanneech, uh k·yannoch
sell, selling	reic, a' reic	rae·eechk, uh rae·eechk
pay, paying	pàigh, a' pàigheadh	pah·ee, uh pah·ugh
cost, costing	cosg, a' cosg	cosk, uh cosk
the price	a' phrìs	uh free·eesh
value	luach or fiach	loe·och (fee·och)
cheap/dear	saor/daor	seur/deur
free (no payment)	an asgaidh	un askee

62

a bargain	bargan	barragan
an account	cùnntas	coe·ntuss
an agreement	còrdadh	cordugh
the bank	am banca	um bankuh
the building society	an còmhlan-togalaich	ung cawlan toe·kaleech
a cheque (the cheque)	seic (an t-seic)	shae·chk (un tchae·chk)
a credit sale	ceannach creideis	k·yannoch critch·eesh
a demand/withdrawal	iarrtas (airgid)	ee·urrtuss (arrageetch)
a deposit	eàrlas (airgid)	yarluss (arrageetch)
hire purchase	ceannach coingheall	k·yannoch connoya·ool
insurance	urras	oerass
interest	riadh	ree·ugh
(bank) loan	iasad (banca)	ee·ussut (bankuh)
a mortgage	mòrgais	morrogash
saving	sàbhaladh	sah·vullugh
a sale	seòl (reic)	shawl (rae·chk)
What price is that?	Dè 'phrìs tha sin?	jae free·eesh ha shin?
What does it cost?	Dè tha e 'cosg?	jae ha eh cosk?
That will be . . .	Bidh sin . . .	bee shin . . .
That costs . . .	Tha sin a' cosg . . .	ha shin uh cosk . . .
two pounds each	dà not am fear	dah nawt um ferr
It's very expensive/ too expensive	Tha e glè dhaor/ro dhaor	ha eh glae gheur/ro gheur
I won't pay that for it	Cha phàigh mi sin air	cha fa·ee mee shin ir
I haven't enough money	Chan eil gu leòr airgid agam	chan yil goo l·yawr arrag·eetch ackum
I haven't a penny	Chan eil sgillinn ruadh agam	chan yil skeeleen roe·ugh ackum
Something better than that	Rudeigin nas fheàrr na sin	rooticken nush ahr na shin
a little cheaper	rud beag nas saoire	root bick nuss seuruh
The price is reduced	Tha a' phrìs air a toirt sìos	ha uh free·eesh irruh tort shee·uss
It's a good buy	'Se ceannach mhath a th'ann	sheh k·yannoch va uh ha·oon
It's good value	Tha luach an airgid ann	ha loe·och un arrag·eetch a·oon
I'm sorry — I've no change	Tha mi duilich — chan eil iomlaid agam	ha mee dooleech — chan yil immulatch ackum
What did you pay for it?	Dè phàigh thu air?	jae fah·ee oo ir?
I only paid . . . for it	Cha do phàigh mi ach . . . air	cha daw fah·ee mee ach . . . ir
I got it free	Fhuair mi an asgaidh e	hoo·ur mee un askee eh

3 Faulty goods — Breakages/repairs

| broken (to bits) | briste ('na phìosan) | breeshtchuh (na fee·sun) |

cracked	air a sgàineadh	irruh skahn·yugh
dead	marbh	marrav
empty	falamh	fal̲oov
finished	deiseil	jishell
a hole (holed)	toll (air a tholladh)	tuh·ool̲ (irruh hoe·l̲ugh)
letting in	a' leigeil a-steach	uh l·yeekell uh sh·tchach
lumpy	cnapach	crappoch
loose	fuasgailt	foo·uh·skeeltch
(a piece) missing	(pìos) a dhìth	(peess) uh yee
old	aosd	eus̲t
rotten	grod/loibht'	grott̲/luh·eetch
rusty	meirgeach	mirrig·yoch
shaky	cugallach	coogul̲loch
soiled (dirty)	air a shalachadh (salach)	irruh hal̲lochugh (sal̲loch)
spent, worn	air a chaitheamh	irruh cheh·huv
split	air a sgoltadh	irruh skoel̲tugh
spoiled	mìllte	meeltchuh
torn	reubt'	ree-abtch
useless	gun fheum	goon aem
withered	air seargadh	ir sharrackugh
I bought this here yesterday	Cheannaich mi seo ann an seo an dè	ch·yanneech mee shaw annuh shaw un jae
It's no good at all	Chan eil e gu feum sam bith	chan yil eh goo faem sum bee
It doesn't work	Chan eil e 'g obair	chan yil eh goebir
It has a hole in it	Tha toll air	ha tuh·ool̲ ir
What happened to it?	Dè dh'èirich dha?	jae yaereech gha?
What caused it?	Dè dh'adhbhraich e?	jae gheuvureech eh?
I didn't touch it	Cha do bhean mi dha	cha d̲aw ven mee gha
They are easily broken	Tha iad furasd' am briseadh	ha at̲ foorust um breeshugh
This needs mending	Tha seo ag iarraidh càradh	ha shaw ug·ee·urry kah·ragh
Can it be mended?	An gabh e càradh?	ung gav eh kah·ragh?
Yes/No	Gabhaidh/Cha ghabh	gavee/cha ghav
It can be sewn	Gabhaidh e fuaigheal	gavee eh foo·ul̲l
I'll do my best	Nì mi mo dhìcheall	nee mee mo yeech·yul̲l
Will you give me another (in its place)?	An toir thu dhomh fear eile ('na àite)?	un d̲orr oo ghaw ferr illuh (na ahtchuh)
I'll try to put it together	Feuchaidh mi ri chur ri chèile	fee·achee mee ree choor ree ch·yaeluh
I'll send it away for you	Cuiridh mi air falbh dhuit e	cooree mee ir fal̲av ghoot̲ eh
How long will it take?	Dè cho fad 's a bhitheas e?	jae choe fat̲suh veeyuss eh?
What will it cost?	Dè chosgas e?	jae choskuss eh?
When will it be ready?	Cuine bhios e deiseil?	koonyuh viss eh jishell?

It's not worth your while	Chan fhiach e dhuit	chan yee·och eh ghoo<u>t</u>
You could buy a new one for that price	Dh'fhaodadh tu fear ùr a cheannach air a' phrìs sin.	gheu·<u>d</u>ugh <u>d</u>oo ferr oor uch·<u>y</u>annoch irruh freesh shin
How long will it last?	Dè cho fad 's a sheasas e?	jae choe fa<u>t</u>suh hessus e<u>h</u>?
Who knows — they're not made to last these days!	Co aige tha fios — chan eil iad air an dèanamh ro mhath na làithean-s'!	coe egg yuh ha fiss — chan yil a<u>t</u> irrun jee·annuv ro va nuh <u>l</u>ah·yuns!

4 Description of Articles

4A *Colour*

black	dubh	<u>d</u>oo
blue	gorm	gorrom
brown	donn	<u>d</u>uh·oo<u>n</u>
green	uaine	oo·annyuh
grey	glas	<u>g</u>lass
pink	pinc	peenk
purple	purpaidh	poorpee
red	dearg	jarrack
scarlet	sgàrlaid	skar<u>l</u>atch
white	geal	g·ya<u>l</u>
yellow	buidhe	boo·yuh
light blue	liath	l·yee·uh
rust red	ruadh	roe·ugh
yellow-grey	odhar	oe·urr
colour(s)	dath(an)	<u>d</u>a(hun)
coloured	dathach	<u>d</u>a·och
multi-coloured	ioma-dhathach	immuh gha·och
the colour of earth	dath na talmhainn	<u>d</u>a nuh <u>t</u>alaveeñ
heather-coloured	dath an fhraoich	<u>d</u>a hun reu·eech
pale/paler	soilleir/nas soilleire	sillyer/nus sillyerruh
dark/darker	dorch/nas duirche	<u>d</u>orroch/nuss <u>d</u>orroch·yuh
What colour is this?	Dè 'n dath a tha seo?	jae<u>n</u> <u>d</u>a uh ha shaw?
It's red	Tha e dearg	ha eh jarrack
What colour's your new car?	Dè 'n dath a th'air a' chàr ùr agad?	jae<u>n</u> <u>d</u>a uh hirruh char oor aghu<u>t</u>?
What colour do you want?	Dè 'n dath a tha thu 'g iarraidh?	jae<u>n</u> <u>d</u>a uh ha oo g·ee·urry?
Do you have this in another colour?	A bheil seo agaibh ann an dath eile?	uh vil shaw ackuv a<u>nn</u>un <u>d</u>a illuh?
What colour do you prefer?	Dè 'n dath as fheàrr leat?	jae<u>n</u> <u>d</u>a ishahr le<u>t</u>?
I'd prefer . . .	B'fheàrr leam . . .	b·yahr loom . . .
a red dress with a black jacket	dreasa dearg le seacaid dhubh	<u>d</u>ressuh jarrack leh shach·katch ghoo
a paler shade of blue	gorm nas soilleire	gorrom nus sillyerruh
both of them the same colour	na dhà dhiubh air an aon dath	nuh ghah yoo irru<u>n</u> eun <u>d</u>a

two or three	dhà no trì	ghah no tree
half a dozen	leth-dhusan	l·yeh ghoo·san
a dozen	dusan	doosan
a pair	paidhir	peh·ur
a set	seata	settuh
a (little) bit	bìdeag (bheag)	beejack (vick)
a bottle	botal	bottull
a box	bocsa, pucas	boxuh, pooch·kuss
a lump	cnap	cra·p
a packet	pacaid	pach·catch
a part	pàirt	parshtch
a piece	pìos	peess
a slice	slisneag	shleeshnack
amount	uimhir	ooyir
weight	cuideam	coo·jim
weigh(ing)/measure (ing)	tomhais (a' tomhas)	taweesh (uh tawuss)
more (than)	barrachd (air)	barrochk (ir)
less (than)	nas lugha (na)	nuss leu·uh (na)
this much	an uimhir seo	un ooyir shaw
too much	cus	kooss
light (lighter)	aotrom (nas aotrom)	eutrum (nuss eutrum)
heavy (heavier)	trom (nas truime)	truh·oom (nus trimmuh)

weights & measures

a half-pint	leth-pinnt	l·yeh peentch
a pint	pinnt	peentch
a gallon	galan	gallan
a litre	liotar	leetar
an ounce	ùnns	oonss
a quarter	cairteal	cahrsh·tchal
a half-pound	leth-phunnd	l·yeh foond
a pound	pùnnd	poond
three pounds	tri pùinnd	tree puh·eenj
a stone	clach	clach
an inch	òirleach	awrl·yoch
six inches	sia òirlich	shee·a awrl·yeech
a foot (feet)	troigh (troighean)	troy, (treh·un)
a yard (yards)	slat (slatan)	sla·t (sla·tun)
centimetre(s)	ceudamheatair(ean)	k·yittuhvettur(un)
metre(s)	meatar(an)	mettur(un)
How much do you want of it?	Dè na tha thu 'g iarraidh dheth?	jae nuh ha oo g·ee·urry yeh?
What amount do you want?	Dè 'n uimhir a tha thu 'g iarraidh?	jaen ooyir ha oo g·ee·urry?
. . . a quarter of tea	cairteal tea	cahrsh·tchal tea
. . . half a pound of butter	leth-phunnd ìm	l·yeh foond eem
. . . three pounds of potatoes	trì pùinnd bhuntàt'	tree puh·eenj voontaht
. . . a pint of milk	pinnt bainne	peentch ban·yuh
Is that too much?	A bheil cus a sin?	uh vil cooss uh shin?
Shall I take a piece off?	An toir mi dheth pìos?	un dawr mee yeh peess?

It'll do	Nì e 'chùis	nee eh choosh
I'll take a piece of that	Gabhaidh mi pìos dhan a sin	gavee mee peess ghan uh shin
. . . two of them	. . . dhà dhiubh sin	. . . ghah yoo shin
. . . three of these	. . . trì dhiubh seo	. . . tree yoo shaw
. . . some of those	. . . cuid dhiubh sin	. . . kootch yoo shin
That's enough	Tha sin gu leòr	ha shin goo l·yawr

4C Size

big (bigger)	mòr (nas motha)	moer (nuss mawuh)
small (smaller)	beag (nas lugha)	bick (nuss leu·uh)
long (longer)	fada (nas fhaide)	fattuh (nuss a·juh)
short (shorter)	goirid (nas giorra)	girreetch (nuss g·yurruh)
wide (wider)	farsaing (nas fharsaing)	far·sing (nuss ahr·sing)
narrow (narrower)	caol (nas caoile)	keul (nuss keuluh)
thick (thicker)	tiugh (nas tighe)	tchoo (nuss tchee·uh)
	or reamhar (nas reaimhre)	ravvur (nuss (ra·ooruh)
thin (thinner)	tana (nas taine)	tannuh (nuss tan·yuh)
tight	teann	tcha·oon
baggy	sgluiseach	sklooshoch
medium/fairly	meadhanach	mee·annoch
single (double)	singilte (dùbailte)	shing·eeltchuh (doobeeltchuh)
What size do you want?	Dè 'm meud a tha thu 'g iarraidh?	jaem mee·at uh ha oo g·ee·urry?
It doesn't fit	Chan eil e 'freagairt	chan yil eh frickurt
It's too big (too small)	Tha e ro mhòr (ro bheag)	ha eh ro voer (ro vick)
as big as this	cho mòr ri seo	choe moer ree shaw
a big one	fear mòr (masc.)	ferr moer
	tè mhòr (fem.)	tchae voer
smaller than that	nas lugha na sin	nuss leuh·uh na shin
much smaller	mòran nas lugha	moe·ran nuss leu·uh
a little bit longer	rud beag nas fhaide	root bick nuss a·juh
fairly large	meadhanach mòr	mee·annoch moer
terribly large	uabhasach mòr	oo·uvassoch moer
Do you have another in the same size?	A bheil fear eile agaibh air an aon mheud?	uh vil ferr illuh ackiv irrun eun vee·at?

4D Material

What sort of thing are you looking for?	Dè seòrsa rud a tha thu 'lorg?	jae shawrsuh root uh ha oo lorrock?
What sort of material is it?	Dè seòrsa stuth a th'ann?	jae shawrsuh stoo uh ha·oon?
It's leather	'Se leathar a th'ann	sheh l·yehurr uh ha·oon
on the outside	air an taobh a-muigh	irrun teuv uh moo·ee
on the inside	air an taobh a-staigh	irrun teuv uh stuh·ee
inside it	'na bhroinn	na vra·eeñ
cloth	aodach	eudoch
cotton	cotan	cottan
fur	bian	bee·un

glass	gloine	glon·yuh
gold	òr	awr
iron	iarunn	ee·urrun
leather	leathar	l·yeh·hur
nylon	nàidhlean	na·eelan
paper	pàipear	peh·par
plastic	plastaig	plasteek
rubber	rubair	roobar
silk	sìoda	sheeduh
silver	airgead	arrack·yut
tweed	clò	claw
velvet	bheilbheit	valavatch
wooden	fiodha	fighuh
woollen	snàth	snah
real (silk)	(sìoda) ceart	(sheeduh) k·yarsht
imitation (silk)	(sìoda) samhlach	(sheeduh) sa·ooloch

4E *General description*

What sort of thing is it?	Dè seòrsa rud a th'ann?	jae shawrsuh root uh ha·oon?
What shape is it?	Dè 'n cumadh a th'air?	jaeng coomugh uh hir?
What does it look like?	Dè 'n coltas a th'air?	jaeng coltass uh hir?
checkered, spotted	breac	brechk
coarse, rough	garbh	garrav
fresh	ùr	oor
fine (not coarse)	mìn	meen
flowery	dìtheanach	jeehannoch
fashionable	fasanta	fasuntuh
hairy	molach	molloch
hard	cruaidh	croo·uh·ee
old-fashioned	sean-fhasanta	sheun assuntuh
patterned	craobhach	kreuvoch
pretty	snog	snock
round	cruinn	cruh·eeñ
sharp	biorach	birroch
shiny	gleansach	glensoch
smooth, even	rèidh	rae
soft	bog	boek
stretchy	sìnteach	sheentchoch
striped	srianach	stree·unnoch
strong	làidir	lah·jir
waterproof, protective	dìonach	jee·unnoch
weak	lag	lack
woolly	clòimhteach	cluh·eetchoch
ugly	grànda	grah·duh
high-heeled	le sàilean àrda	leh sah·lun arduh
long-sleeved	le muinchillean fada	leh munnucheel·yun fattuh
home-made	dèant' aig an taigh	jee·ant eck un tuh·ee
hand-made	dèant' le làimh	jee·ant leh la·eev
machine-made	dèant' air inneal	jee·ant ir een·yal

5 Different Shops — Different Goods

As there was no standardised method of spreading new words in Gaelic (until comparatively recently) it will be found that English words for some items are used by Gaels. Many English speakers find it amusing to pick up English words in the middle of Gaelic speech. However, to take over words from other tongues is common practice in all living languages, including English (eg anorak, yogurt, guitar, vacuum, potato etc. etc. and from Gaelic itself — whisky, brogue, gillie, galore, etc.)

Where a Gaelic word for a modern article cannot be found, therefore, the English word may be used.

5(i)

Chemist	ceamadair	kemmudar
bandage(s)	bann (bannan)	ba·oon (bannun)
comb	cìr	keer
cosmetics	cungaidhean-mhaise	coong·eeyun vashuh
cough mixture	leigheas-chasad	l·yae·uss chassut
hot-water bottle	botal teth	bottull tcheh
laxative	leigheas-fuasglaidh	l·yae·uss foo·usklee
lip-stick	peanta-bilean	pentuh beelun
ointment/cream	acainn	achkeeñ
medicine	leigheas	l·yae·uss
nappies (disposable)	badan (pàipear)	battun (peh·par)
perfume	cùbhraidheach	cooreeyoch
pills	pilichean	pilleech·yun
paper-hankies	neapraigean phàipear	ñepreekun feh·par
powder	pùdar	poodar
safety-pins	prìnichean-banaltruim	preeneech·yun banaltrum
shampoo	siabann-fuilt	shee·ubbun falt
soap	siabann	shee·ubbun
toothbrush	bruis-fhiaclan	broosh ee·uchklun
razor	beàrr-sgian	b·yahr sk·yun
razor blades	lannan do bheàrr-sgian	lannun daw v·yahr-sk·yun
sunglasses	gloineachan grèine	glon·yochun graen·yuh
something for a sore throat	rudeigin airson amhaich ghoirt	rooticken irson aveech ghorsht
for a sore head	airson ceann goirt	irson c·ya·oon gorsht
to put away hoarseness	a chuireas air falbh an tùchadh	uh chooruss ir falav un toochugh

5(ii) Clothing & Footwear

apron	aparan	appuran
belt	crios or bann	criss (ba·oon)
blouse(s)	lèine (lèintean)	l·yaenuh (l·yaentchun)
bonnet(s)	boineid(ean)	bonnatch(un)
boots	bòtannan	bawtunnun
briefs	briogais bheag	briggish vick
button(s)	putan(an)	pootan(un)
coat(s)	còta (còtaichean)	cawtuh (cawteech·yun)
dress(es)	dreasa (dreasaichean)	dressuh (dresseech·yun)

gloves	miotagan	meetackun
gown(s)	gùna (gùintean)	goownuh (goowntchun)
handkerchief(s)	neapraig(ean)	ñeh·preek(un)
hat(s)	ad(an)	at(un)
headscarf	beannag	b·yannack
jacket(s)	seacaid(ean)	shach·catch(un)
jumper, pullover	peitean or geansaidh	pae·tchan/g·ensee
kilt	fèileadh	faelugh
kilt-jacket	seacaid-fèilidh	shach·catch faelee
nappies	badan	battun
nightgown	gùn-oidhche	goown uh·eech·yuh
pyjamas	deis-oidhche	jish uh·eech·yuh
shirt(s)	lèine (lèintean)	l·yaenuh (l·yaentchun)
shoe(s)	bròg(an)	brawg(un)
shoe-lace(s)	barrall(an)	barrul(un)
shorts	briogais ghoirid	briggish ghirreetch
skirt	sgiorta	skirtuh
sleeve(s)	muinichill(ean)	moonuch·yeel(yun)
slipper(s)	sliopar(an)	slippar(un)
socks, stocking(s)	stocainn(ean)	stoch·keen(yun)
suit(s)	deise (deiseachan)	jishuh (jishochun)
trousers	briogais	briggish
waistcoat	peitean	pae·tchan
underskirt	cota-bàn	cawtuh bahn
underwear	fo-aodach	fo eudoch

5(iii) Electrical, etc.

calculator	inneal-cùnntaidh	eenyal coentee
electric blanket	plaide-dealain	pla·juh jallan
electric fire	teine-dealain	tchannuh jallan
electric kettle	coire-dealain	corre jallan
fridge/freezer	reòthadair	rawuddar
iron	iarunn	ee·urrun
lamp	làmpa	la·oompuh
light	solas	sollus
lantern	lòchran	lawchurran
mixer	measgair	measgair
radio	rèdio	redio
television	telebhisean	televishan
(coloured)	(dathach)	(dahoch)
(black & white)	(dubh is geal)	(doo hiss g·yal)
washing machine	inneal nigheadaireachd	eenyal n·yeedarochk

5(iv) Food

the butcher	am buidsear	um bootchar
meat (the meat)	feòil (an fheòil)	f·yawl (un yawl)
for stewing	airson bruich	irson breech
for roasting	airson ròstadh	irson rawstugh
for frying	airson praighigeadh	irson pry·ickugh
beef	mairtfheòil	marsht yawl
black pudding	marag dhubh	marrack ghoo
boned	gun chnàimh	goon chrehv
haunch/gigot	sliasaid	shlee·usseetch
haggis	tagais	tageesh
kidneys	dubhagan	doowackun
lamb	uan	oo·an

70

leg (of pork)	cas (muic)	cass (moe·eechk)
liver	adh/grùthan	ah/groo·an
mince	feòil phronn	f·yawl fruh·oon
mutton	feòil-caorach	f·yawl keuroch
pork	muicfheòil	moe·eechk yawl
rolled	air a roiligeadh	irruh rollickugh
sausage(s)	ìsbean(an)	eeshban(un)
steak	stèic	stehk
suet/fat	geir	girr
suet pudding	marag gheal	marrack yal
venison	sitheann	sheehun
dairy	taigh bainne	tuh·ee banyuh
butter	ìm	eem
cheese	càise	cah·shuh
cream	bàrr/uachdar	bahr/oo·uchkur
crowdie (cottage cheese)	gruth	groo
eggs	uighean	oo·yun
milk	bainne	ban·yuh (*or* bon·yuh)
(the) fish	(an t-)iasg	(untch)ee·usk
(See also P. 30)		
salted	saillte	sa·eeltchuh
smoked	air a cheòthadh	irruh ch·yawugh
cleaned	air a ghlanadh	irruh ghlannugh
filletted	gun chnàimh	goon chrehv
gutted	air a sgoltadh	irruh skoeltugh
dressed (with crumbs)	le criomagan	leh crimmackun
(salted) herring	sgadan (saillte)	skattan (sa·eeltchuh)
(fish) roe	iuchair (èisg)	yoochar (aeshk)
skate	sgait	sketch
sole	lèabag	l·yee·aback

General provisions

(the) food	(am) biadh	(um) bee·ugh
a bag (of sugar)	baga (siùcair)	bagguh (shoochkar)
a box	bocsa	boxuh
a jar (of jam)	crogan (silidh)	crockan (sheely)
a packet (of tea)	pacaid (tea)	pach·catch (tea)
a tin	tiona	tinnuh
bacon	hama	hammuh
beans	pònair	pawnur
biscuits	briosgaidean	briskatchun
bread	aran	arran
bread-rolls	roilichean	rol·eech·yun
coffee	cofaidh	coffee
cold meat	feòil fhuar	f·yawl oo·ur
eggs	uighean	oo·yun
fat	geir	girr
flour	flùr	floor
jam/jelly	silidh	sheely
kitchen-paper	pàipear-chidsin	peh·par cheetcheen
oatmeal	min-choirc	mean chork
oil	ola	lluh
pepper	piopar	pippar
salt	salann	salun
sauce	sùgh/sòs	soo/sauce
sugar	siùcar	shoochkar

caster sugar	siùcar mìn	shoochkar meen
sweets	suiteas/siùcairean	soo·eetas/shooch·carrun
tea	tea	tea
tea-bags	pocannan-tea	pochkunnun tea
toilet-paper	pàipear-suathaidh	peh·par soo·uh·hee

Greengrocer

fruit	toradh/measan	torrugh/messun
vegetables	glasraich	glasreech
ripe	abaich	abbeech
rotten	grod/loibht'	grot/luh·eetch
apple(s)	ubhal (ùbhlan)	oo·ull (oo·lun)
cabbage	càl	kahl
carrot(s)	curran(an)	cooran(un)
cauliflower	colag	collack
cherry(ies)	siris(ean)	sheereesh(un)
onion(s)	uinnean(an)	oonyan(un)
orange(s)	orainnsear(an)	oranshur(un)
peas	peasair	pessir
potatoes	buntàta	boontah·tuh
plum	plumbais	ploombeesh
pear(s)	peur(an)	paer(un)
rhubarb	rùbrub	roobroeb
turnip	snèip	snehp

5(v) Household linen & needlework

bedcover/quilt	cuibhrig	cuh·eereek
blanket(s)	plaide(achan)	pla·juh (pla·jochun)
cloth(s)	clobhd(an)	cloud(un)
cloth (material)	aodach	eu·doch
curtain(s)	cùrtair(ean)	coershtar(un)
cushion(s)	cuisean(an)	cooshan(un)
cushion-cover	cèis-chuisean	caesh chooshan
dishtowel	tubhailt-shoithichean	too·altch heh·eech·yun
embroidery	obair-ghrèis	oebir ghraesh
knitting	fighe	fee·uh
[knitting] needle(s)	bior(an)	bir(un)
[sewing] needle(s)	snàthad(an)	sna·hut(un)
pillowcase	cèis-chluasaig	caesh chloe·ussack
pin(s)	prìneeachan)	preenuh (preenochun)
sewing	fuaigheal	foo·ul
sheet(s)	anart(an)	annurt(un)
table-cloth	tubhailt	too·altch
thimble	meuran	mee·arran
thread	snàilean	sna·lan
a reel of thread	piurna snàilean	p·yurnuh sna·lan
towel(s)	searbhadair(ean)	shara·uddar(un)
wool	snàth	snah
a ball of wool	cnocan/ceirsle	croch·can/cirshle

5(vi) Ironmonger

awl	minidh	meenee
axe	tuagh	too·ugh
blade	lann	la·oon
brush	bruis/sguab	broosh/skoo·ub
paint-brush	bruis-peantaidh	broosh pentee

72

bucket	peile/cuman	pailuh/cooman
chisel	gilb	g·eeleeb
drill	drile/toradh	drilluh/torrugh
fork (garden)	gràp	grahp
fuel	connadh	coenugh
coal	gual	goe·ul
gas	gas	gas
oil/petrol	ola	olluh
peat	mòine	mawn·yuh
wood	fiodha	fighuh
hammer	òrd	awrd
handle	làmh	lahv
hook	dubhan	doo·an
hoe	tobha	toe·uh
hose (water-pipe)	plob-uisge	peeb ooshk·yuh
knife	sgian	skee·un
ladder	(f)àradh	(f)ahrugh
lid	ceann	c·ya·oon
nail(s)	tarrang (tàirgnean)	tarung (tarn·yun)
paint	peant	pent
plane	locair	loch·kir
pliers	durcais	doorkish
rake	ràcan	rah·chkan
rope	ròpa	rawpuh
saw	sàbh	sahv
seeds	sìol	shee·ull
shears	deamhais	jevish
spade/shovel	spaid	spatch
vice	gramaiche	grameech·yuh
wheel(s)	cuibheall	cuh·yull
	(cuibhleachan)	(cuh·eelochun)
yard-stick	slat-tomhais	slaht taweesh

5(vii)

Jeweller	seudair	shaedar
beads	grìogagan	greegackun
(a string of beads)	paidirean	pa·iran
bracelet	làmh-fhailean	lahv allan
brooch	bràiste	brahsh·tchuh
chain	slabhraidh	sla·ooree
clock	gleoc	glochk
alarm-clock	gleoc-dùsgaidh	glochk dooskee
diamond	daoimean	duh·eeman
ear-ring	failbheachan(an)	falavochan(un)
ear-ring pendant	crochag(an)	crochack(un)
emerald	smàrag	smahrack
gold (golden)	òr (òir)	awr (awir)
jewel(s)	seud(an)	shade(un)
necklace (see beads)		
pearl(s)	neamhnaid(ean)	n·ya·oonitch(un)
ring(s)	fàinne(achan)	fahn·yuh
		(fahn·yochun)
ruby	rùban	rooban
sapphire	leug ghorm	l·yaeg ghorrom
silver (of silver)	airgead (airgid)	arrag·yut (arrag·eetch)
watch(es)	uaireadair(ean)	oo·urrudar(un)

5(viii) Stationery/Books/Records etc

English	Gaelic	Pronunciation
bag(s)	baga(ichean)	bagguh (bag·eech·yun)
briefcase	màileid	mah·latch
book(s)	leabhar (leabhraichean)	l·yawur (l·yawreech·yun)
cigarettes	toiteanan	totchun
envelopes	cèisean	caeshun
glue	glaodh	gleu
ink	ince	eenk·yuh
lighter	lasadair	lassuddar
magazine/pamphlet	leabhran	l·yawran
matches	maiteachan	matchochun
paper(s)	pàipear(an)	peh·par(un)
newspaper	pàipear-naidheachd	peh·par neh·ochk
parcel	parsail	parsal
pen	peann	p·ya·oon
pencil	peansail	pencil
pipe (smoking)	pìob (smocadh)	peeb (smochkugh)
post-card	cairt-phostail	cahrsht fostal
record(s) [discs]	clàr(an)	clahr(un)
rubber	sgrìobadair	skreebuddar
ruler	slat-tomhais	slat taweesh
scissors	siosar	shissar
stamp(s)	stamp(aichean)	stamp (eech·yun)
straws	sràbhan	strahvun
string	sreang	streugh
tape (recording)	teip	tape
cassette	cèiseag	cae·shack
tobacco	tombac	tombachk
toy(s)	cleas(an)	cless(un)
writing-paper	pàipear-sgrìobhaidh	peh·par skreevee

Occupations/Work

(For Domestic work, see pp. 86-8)

English	Gaelic	Pronunciation
What's your job?	Dè 'n obair a th'agad?	jaen oebir uh haghut?
What does she do?	Dè bhios i 'dèanamh?	jae viss ee jee·annuv?
What trade is he in?	Dè 'n ceàrd ris a bheil e?	jaeng k·yard reesh uh vil eh?
What work does he do?	Dè 'n obair a th'aige?	jaen oebir uh hegg·yuh?
I am a doctor	'Se dotair a th'annam	sheh dochtar uh hannum
	or Tha mi 'nam dhotair	ha mee nam ghochtar
He is a joiner	'Se saor a th'ann	sheh seur uh ha·oon
	or Tha e 'na shaor	ha eh na heur
She is a nurse	'Se banaltrum a th'innt'	sheh banaltrum uh heentch
	or Tha i 'na banaltrum	ha ee na banaltrum

anns +mo (my)	= 'nam		anns +mi (me)		= annam
(in) do (your)	= 'nad		(in) thus (you)		= annad
a (his)	= 'na		e (him)		= ann
a (her)	= 'na		i (her)		= innte
ar (our)	= 'nar		sinn (us)		= annainn
bhur (your)	= 'nur		sibh (you)		= annaibh
an/am (their)	= 'nan/'nam		iad (them)		= annta

(Note that as with mo, do & a(his), 'nam, 'nad & 'na *aspirate* the first letter of the following word)

English	Gaelic	Pronunciation
accountant	fear cùnntais	ferr coonteesh
architect	ailtear	altcher
bookmaker	geallaiche	g·yaleech·yuh
builder	fear-togail	ferr toekal
clerk	clèireach*	claeroch
coalman	fear guail	ferr goo·il
dentist	fiaclair	fee·uchklar
doctor	dotair/lighiche	dochtar/l·yee·eech·yuh
driver	draibhear	druh·eevar
engineer	innleadair	eenluddar
farmer [see also P. 27]	tuathanach	too·uhannoch
fireman	fear-smàlaidh	ferr smahlee
fisherman	iasgair	ee·usskar
joiner	saor	seur
lawyer	fear-lagha*	ferr leughuh
mason/brick-layer	clachaire	clachirruh
milk man	fear a' bhainne	ferr uh van·yuh
minister (see also P. 53)	ministear	meeneeshtchar
nurse	banaltrum	banaltrum
painter	peantair	pentar
plumber	plumair	ploomar
policeman	poileas*	polluss
postman	post	posst
priest (see also P. 53)	sagart	saggurt

sailor	seòladair/maraiche	shawluddar/mareech·yuh
salesman	fear-reic	ferr raechk
scholar [see also P. 84]	sgoilear*	skollar
secretary	rùnaire*	roownarruh
shopkeeper	fear-bùtha	ferr boo·huh
soldier	saighdear	suh·eejar
student [see P. 84 for Education]	oileanaiche*	olaneech·yuh
sweep	fear sùith	ferr soo·eech
tailor	tàillear	tahl·yar
teacher	tidsear/maighistear-sgoile	teetchar/mashtcher skolluh
weaver	figheadair	fee·uddar

Note: Where female workers are concerned, words can be prefixed by
'ban' (female) eg ban-chlèireach, ban-lagha, ban-rìgh (queen).
Those commonly heard are marked with an asterisk.
Likewise, when the plural is required, the word may be prefixed by
'luchd' (people) eg

directors	luchd-stiùiridh	loochk stchooree
firemen	luchd-smàlaidh	loochk smahlee
learners	luchd-ionnsachaidh	loochk yoonsochee
tourists	luchd-turais	loochk tooreesh
workers	luchd-obrach	loochk oebroch
Where do you work?	Càit a bheil thu 'g obair?	kahtch uh vil oo goebir?
She works in a shop	Tha i 'g obair ann am bùth	ha ee goebir annum boo
I work in a factory	Tha mi 'g obair ann am factaraidh	ha mee goebir annum factary
He works . . .	Tha e 'g obair . . .	Ha eh goebir . . .
in the bank	anns a' bhanc	unsuh vank
on the buses	air na busaichean	ir nuh buseech·yun
in the hospital	anns an ospadal	unsun ospuddull
in a hotel	ann an taigh-òsd'	unnun tuh·ee awst
on an oil rig	air beart ola	ir b·yarsht ola
in an office	ann an oifis	unnun offeesh
in the post office	anns a' phost oifis	unsuh fost offeesh
on radio	air an rèdio	irrun redio
on the roads	air na rathaidean	ir nuh ra·eetchun
in a shop	ann am bùth	annum boo
for the town	airson a' bhaile	irson uh valuh
in the works	anns na h-oibrichean	uns nuh hoebreech·yun
in the yards	anns na gàrraidhean	uns nuh gahreeyun
He's at sea	Tha e aig muir	ha eh eck moor
He builds houses	Bidh e 'togail thaighean	bee eh toekal heh·un
He works at the forestry	Tha e ri obair na coille	ha eh ree oebir nuh killyuh
He's in the army	Tha e anns an arm	ha eh unsun arram
Where will I find someone who will (work in the garden)?	Càit an lorg mi duine a bhios (ag obair anns a' ghàrradh)?	kahtch un lorrock mee doonyuh uh viss (uggoebir unsuhghahrugh)?

Is there a cobbler in town?	A bheil greusaiche anns a' bhaile?	uh vil gree·asseech·yuh unsuh valuh?
He likes his work	'S toil leis an obair aige	stol lish un oebir egg·yuh
He does a lot of travelling/reading/writing/sitting	Tha e 'dèanamh mòran siubhal/leughadh/sgrìobhadh/suidhe	ha eh jannuv moeran shoo·ull/l·yaevugh/skreevugh/sooyuh
A car goes with the job	Tha càr an lùib na h-obrach	ha cahr un luh·eeb nuh hoebroch
What sort of pay do you earn?	Dè 'm pàigheadh a tha thu 'cosnadh?	jaem pah·ugh uh ha oo cossnugh?
a good wage	tuarasdal math	too·urrusdull ma
Is there much responsibility involved in that job?	A bheil mòran uallaich an lùib na h-obrach sin?	uh vil moeran oe·ulleech un luh·eeb nuh hoebroch shin?
Who's in charge of the office?	Cò tha an ceann na h-oifis?	coe ha ung k·ya·oon nuh hoffeesh?
What holidays do you get?	Dè na làithean saora a tha thu 'faighinn?	jae nuh lah·yen seuruh uh ha oo fa·yeeñ?
Four weeks a year	ceithir seachdainean sa' bhliadhna	cae·hir shachkeen·yun suh vlee·unnuh
I get a day off now and again	Bidh mi 'faighinn là dheth an dràsd 's a-rithist	bee mee fa·yeeñ lah yeh un drahst suh ree·eeshtch
He's looking for a job (for himself)	Tha e 'lorg obair (dha-fhèin)	ha eh lorrock oebir (ghah haen)
He is out of work	Chan eil obair aige	chan yil oebir egg·yuh
He lost his job	Chaill e an obair aige	cha·eel yeh un oebir egg·yuh
She left her job	Dh'fhàg i an obair aice	ghah·ck ee un oebir echk·yuh
The work-force are on strike	Tha'n luchd-obrach air stailc	hahn loochk oebroch ir sta·lk
They complain they don't get enough money	Tha iad a' gearan nach eil iad a' faighinn airgid gu leòr	haht ugg·yerran nach il at uh fa·yeeñ arrageetch goo l·yawr
He wants a rise in pay	Tha e 'g iarraidh àrdachadh pàigheadh	ha e gee·urry ahrdochugh pah·ugh
The factory is shut down	Tha am factaraidh air a dhùnadh sìos	hahm factary irruh ghoonugh shee·uss
Didn't they settle it yet?	Nach do shocraich iad e fhathast?	nach daw hochkreech at eh hah·ast?
No. They couldn't reach an agreement	Cha do shocraich. Cha tàinig iad gu rèiteach idir	cha daw hochkreech. cha dahneek at goo reh·tchoch ee·jir
He has retired	Leig e dheth a dhreuchd	leek eh yeh huh ghree·achk

Personal & Family Names

What's his name?	Dè 'n t-ainm a th'air?	jaen tannam uh hir?
He's called (James)	'Se (Seumas) an t-ainm a th'air	sheh (Shaemuss) un tannam uh hir
Do you know a man called . . .?	An aithne dhuit duine dhan ainm . . .?	un ann·yuh ghoot doon·yuh ghan annam . . .?
Yes/No	'S aithne/Chan aithne	sann·yuh/chan ann·yuh
He's called after his father	Tha e air ainmeachadh air athair	ha eh ir annamochugh ir ahar
What's her surname?	Dè 'n sloinneadh a th'oirre?	jaen slun·yugh uh horruh?

First Names
Female

Ann	Anna	Anna
Barbara	Baraball	ba·ra·bul
Becky	Beathag	beh·hack
Catherine	Catrìona	catree·unna
Christine	Cairistìona	carish·tchee·unna
Dorothy	Dìorbhail	jirrivil
Deirdre	Deirdre	jee·urdruh
Effie	Oighrig	eu·eerick
Elizabeth	Ealasaid	yallusatch
Flora	Flòraidh/Fionnghal	flawree/f·yoonughal
Helen, Ellen	Eilidh	aelee
Isobel	Iseabail	eeshabal
Jane, Jean	Sìne	sheenuh
Janet	Seònaid	shawnatch
Joan	Seonag	shonnack
Julia, Celia	Sìleas	sheeluss
Margaret	Mairead	ma·eerat
Marjory	Marsaili	marsally
Marion, Sarah	Mòrag	mawrack
Mary	Màiri	ma·ree
Molly, May	Màili	ma·lee
Peggy	Peigi	paeg·ee
Rachel	Raonaid	reuneetch
Susan	Siùsaidh	shoo·see
Winnifred	Ùna	oona

Male

Alexander	Alasdair	allustir
Andrew	Anndra	a·oondra
Angus	Aonghas	eun·eu·uss
Archibald	Gilleasbuig	g·eel·yespick
Arthur	Artair	ahrshtar
Charles	Teàrlach	tcharloch
Colin	Cailean	callan

78

David	Daibhidh	da·eevee
Donald	Dòmhnall	daw·ull
Dougal	Dùghall	doo·ull
Douglas	Dùghlas	dooghlass
Duncan	Donnchadh	doenochugh
Edward	Eideard	ae·jard
Ewan	Eòghann	yoe·wun
Farquhar	Fearchar	ferrachar
Fergus	Fearghus	ferraghuss
Finlay	Fionnlagh	f·yoonlugh
Frank	Frang	frang·g
George	Seòras	shawruss
Gordon	Gòrdan	gordan
Hector	Eachann	euchunn
Hugh	Ùisdean	oosh·jan
Ivor	Iomhair	ee·uvvar
James	Seumas	shaemuss
John	Iain	ee·añ
Kenneth	Coinneach	coen·yoch
Lachlan	Lachlann	lachlunn
Malcolm	Calum	callum
Martin	Màrtainn	mahrshteen
Michael	Mìcheil	meech·yell
Murdo	Murchadh	moorochugh
Neil	Niall	n·yee·ull
Norman	Tormod	torromot
Patrick	Pàdraig	pahdreek
Paul	Pòl	pawl
Peter	Peadair/Pàdraig	peddur/pahdreek
Robert	Raibeart	rabburt
Roderick/Derick	Ruairidh/Ruaraidh	roe·urree
Ronald	Raghnall	reu·ull
Thomas	Tòmas	toe·mass
William	Uilleam	ool·yam

Note that when calling directly to a person, the pronunciation of the name
changes slightly: eg

Jean!	a Shìne!	uh heenuh	James!	a Sheumais!	uh haemeesh
Mary!	a Mhàiri!	uh vahree	Kenneth!	a Choinnich!	uh choen·yeech
Joan!	a Sheonag!	uh h·yonnack	Neil!	a Nèill!	uh neh·eel

Surnames

Black/Dow	Mac 'Ille Dhuibh	machk eel·yuh ghoo·ee
Buchanan	Bochanan	bochannan
Cameron	Camshron	cammaron
Campbell	Caimbeul	ca·eembal
Chisholm	Siosal	shissal
Fraser	Frìseal	freeshal
Gillies	Mac'Ill Iosa	machk eel yee·ussuh
Gordon	Gòrdan	gawrdan
Grant	Grannd	gra·oond
Henderson	MacEanraig	machk ee·anreek
Johnson/Johnstone	Maclain	machk ee·añ
Kennedy	Ceanadach	kennaddoch
MacArthur	MacArtair	machk ahrshtar
MacAulay	MacAmhlaidh	machk a·oola·ee

79

MacDonald	MacDhòmhnaill	machk ghaweel
MacDougall	MacDhùghaill	machk ghoo·eel
MacEwan	MacEòghainn	machk yoe·eeñ
MacInnes	MacAonghais .	machk eun·eu·eesh
MacIntyre	Mac an t-Saoir	machk un teur
MacIntosh	Mac an Tòisich	machk un tawsheech
MacKay	MacAoidh	machk eu·ee
MacKenzie	MacCoinnich	machk coen·yeech
MacLean	Mac'Ill Eathainn	machk eel yeh·heeñ
MacLeod	MacLeòid	machk law·j
MacLennan	Mac'Ill Innein	machk eel yeen·yen
MacMillan	Mac a' Mhaoilein	machk uh veulañ
MacNab	Mac an Aba	machk un abbuh
MacNeill	MacNèill	machk neh·eel
MacPhee	Mac a' Phì	machk uh fee
MacPherson	Mac a' Phearsain	machk uh fersan
MacRae	MacRath	machk ra
MacTaggart	Mac an t-Sagairt	machk un taggurt
Matheson	MacMhathain	machk vaheeñ
Morrison	Moireasdan	morrusdan
Munro	Rothach	raw·hoch
Murray	Moireach	murroch
Nicolson	MacNeacail	machk nechkal
Robertson	MacDhonnchaidh	machk ghoonochee
Ross	Ros/Rosach	ross/rossoch
Smith	Mac a' Ghobhainn	machk uh ghoe·eeñ
Stuart/Stewart	Stiùbhart	sh·tchoe·urt
Thomson	MacThòmais	machk hoemash
Urquhart	Urchardan	ooroochurdan
Whyte/Bain	Mac'Ille Bhàin	machk eel·yuh vahñ

Note: 'Mac' means 'son of'. The female equivalent is 'Nic' — 'daughter of'.

Clan Crest Slogans

Slogan	Pronunciation	Meaning
Aonaibh ri chèile	euniv ree ch·yaeluh	Unite together
Buaidh no Bàs	boo·uh·ee no bahss	Victory or death
Creag Ealachaidh	crick yellochee	Rock of (armour?)
Creag an Tuirc	crick un toork	Rock of the boar
Cuidich an Rìgh	coo·jeech un ree	Help the King
Dìleas gu Bàs	jeeluss goo bahss	Faithful till death
Is rìoghail mo dhream	iss reeghal mo ghra·oom	Royal are my people
Air muir 's air tìr	ir moor sirr tcheer	On land and sea
An t-arm breac dearg	un tarram brechk jarrack	The red-tartaned army

General Patriotic Slogans

An Cìrean Ceann-cinnidh	ung keeran k·ya·oon keen·yee	?(in) the crest of a clan chief
Cìrean a' Chinn-cinnidh	keeran uh ch·yeeñ keenyee	The clan chief's crest
Alba gu bràth	alabbuh goo brah·ch	Scotland for ever
Ar Cànain 's ar Ceòl	ar kahnañ sar k·yawl	Our language and our music
Ceartas! Saorsa!	k·yarshtuss! seur·suh!	Justice! Freedom!

Clanna nan Gaidheal ri guaillibh a chèile	clannuh nung ga·yull ree goo·ullyiv uh ch·yaeluh	Children (clans) of the Gaels shoulder to shoulder
Cùm Gàidhlig Beò	koom ga·leek b·yaw	Keep Gaelic Alive
Suas (le) Alba	soo·uss (leh) alabbuh	Up (with) Scotland
Suas leis a' Ghàidhlig	soo·uss lish uh gha·leek	Up with Gaelic
Tìr nam Beann (Àrd)	tcheer num b·ya·oon (ahrd)	Land of the (High) Mountains
Gràs Dhè 'n Rìgh	grahs yaen ree	God Save the King
Gràs Dhè 'n Bhàn-righ	grahs yaen va·ooree	God Save the Queen

The Domestic Scene

The house

front door	doras toisich	dorruss tosheech
back door	doras cùil	doruss cool
kitchen	an cidsin	ung keetcheen
room(s)	rùm(annan)	roowm (roemunnun)
(See also P. 39)		

Where are you?	Càit a bheil thu?	kahtch uh vil oo?
in the Kitchen	anns a' chidsin	assuh cheetcheen
next door	an ath-dhoras	un A ghorruss
Where is . . .?	Càit a bheil . . .?	kahtch uh vil . . .?
on the table	air a' bhòrd	irruh vawrd
by the bed	ri taobh na leapa	ree teuv nuh l·yep
at the window	aig an uinneig	eck un oon·yeck
in the cupboard	anns a' phreas	unsuh fress
wall/walls	balla/ballaichean	baluh/baleech·yun
corner	oisean	oshan
the door/the doors	an doras/na dorsan	un dorruss/nuh dorsun
the window(s)	an uinneag (na h-uinneagan)	un oon·yack (nuh hoon·yackun)
the floor	an làr	un lahr
the light(s)	an solas (na solais)	un solluss (nuh solleesh
the fire (fireplace)	an teine (teintean)	un tchannuh (tcha·eentchan)
the bed	an leabaidh	un l·yehbee
the chair	an seathar	un shae·urr
the chest	a' chiste	un cheesh·tchuh
the cupboard	am preas	um press
the drawer	an drathair	un dra·ir
the dresser/sideboard	an dreasair	un dressar
furniture	àirneis	ahrneesh
the handle	an làrnh	un lahv
the lock	a' ghlas	uh ghlass
the mirror	an sgàthan	un skah·han
the picture(s)	an dealbh (na dealbhan)	un jallav (nuh jallavun)
the settee	an sòpha	un saw·fa
the shelf	an sgeilp	un skillip
the table(s)	am bòrd (na bùird)	um bawrd (nuh boer·j)

(See also Shopping Section for other items)

the garage	an garaids	ung garratch
the garden	an gàrradh	ung gah·rugh
the gate	an geata	ung gettuh
the shed	an seada	un shedduh
the garden-plot	an leas	un l·yess

The Family

the family	an teaghlach	un tcheuloch
son/daughter	mac/nighean	machk/n·yee·unn
brother/sister	bràthair/piuthar	brah·har/p·yoo·urr
father/mother	athair/màthair	a·har/mah·har
husband/wife (spouse)	duine/bean (cèile)	doon·yuh/ben (k·yaeluh)
grandfather/ grandmother	seanar seanmhar	shennar/shennavar
grandchild	ogha	awuh
brother-in-law	bràthair-chèile	brah·har ch·yaeluh
mother-in-law	màthair-chèile	mah·har ch·yaeluh
aunt [mother's sister]	piuthar mo mhàthar	p·yoo·urr mo vah·har
uncle [father's brother]	bràthair m'athar	brah·har ma·har
widow or widower	bàntrach	ba·oontroch
stepmother	muime	mimmuh

(For domestic pets, See P. 27-8)

Are you related?	A bheil sibh càirdeach do chèile?	uh vil shiv cahr-jock duh ch·yaeluh?
We are cousins	Tha sinn anns na h-oghaichean	ha sheeñ unsnuh haweech·yun
How many are in the family?	Co mheud a tha san teaghlach?	coe vee·ut uh ha sun tcheu·loch?
How many children have you?	Co mheud leanabh a th'agaibh?	coe vee·ut l·yenniv uh hackuv?
Two/three	Tha dithis/triùir	ha jee·heesh/troor
What ages are they?	Dè 'n aois a tha iad?	jaen eush uh ha at?
John is 5½, Mary is 7	Tha Iain còig gu leth, tha Màiri seachd	ha ee·añ coe·ick goo l·yeh, ha mah·ree shachk
Who is the older/ oldest?	Cò as sine?	coe iss shinnuh?
John is the biggest	'Se Iain as motha	sheh ee·an yiss mawuh
I am younger than him	Tha mise nas òige na esan	ha meeshuh nuss awg·yuh na essun
older (oldest)	nas sine (as sine)	nuss shinnuh (uss shinnuh)
younger (youngest)	nas òige (as òige)	nuss awg·yuh (uss awg·yuh)
bigger (biggest)	nas motha (as motha)	nuss mawuh (uss mawuh)
smaller (smallest)	nas lugha (as lugha)	nuss leu·uh (uss leu·uh)
taller (tallest)	nas àirde (as àirde)	nuss ahr·juh (uss ahr·juh)
My oldest brother	Am bràthair as sine agam	um brahhar uss shinnuh ackum
You're almost as big as your brother	Tha thu gu bhith cho mòr ri do bhràthair	ha oo goo vee choe moer ree daw vrah·har
Aren't you getting big!	Nach tu tha 'fàs mòr!	nach doo ha fahss moer!

English	Gaelic	Pronunciation
They are very alike	Tha iad glè choltach ri chèile	ha at glae choltoch ree ch·yaeluh
She is like you	Tha i coltach riut-sa	ha ee coltoch root suh
Are you married?	A bheil sibh pòsd'?	uh vil shiv pawst?
We are engaged	Tha sinn fo ghealladh pòsaidh	ha sheeñ fo yallugh pawsee
Have you fixed a date for the wedding?	An do shuidhich sibh air là airson na bainnse?	Un daw hoo·yeech shiv ir lah irson nuh ba·eenshuh?

Schooling/Education

English	Gaelic	Pronunciation
school/college/university	sgoil/colaisde/oilthigh	skol/collashtch/ol huh·ee
primary school	sgoil bheag or bun-sgoil	skol vick (boon skol)
secondary school	sgoil mhòr	skol voer
education/subject	foghlam/cuspair	feu·lum/coo·spar
teach, teaching	teagaisg, a' teagasg	tchickeeshk, uh tchickusk
learn/learning	ionnsaich, ag ionnsachadh	yoon·seech, ug yoonsochugh
scholar/student	sgoilear/oileanach	skolar/olannoch
teacher/schoolmaster	tidsear/maighstir-sgoile	teetchar/mesh·tcher skolluh
reading/writing	leughadh/sgrìobhadh	l·yaevugh/skreevugh
arithmetic	cùnntadh	coentugh
history/geography	eachdraidh/tìr-eòlas	ech·tree/tcheer yawluss
languages/french	cànainean/fraingeis	cahn·annyun/frang·geesh
art/science	dealbhachd/ealdhain	jallavochk/ellaghan
handiwork/cookery	obair-làimhe/còcaireachd	oebir lah·eevuh/cawkirochk
When do you start college?	Cuine tha thu 'dol don cholaisde?	coon·yuh ha oo doll don chollashtchuh?
in three months	ann an trì mìosan	annun tree mee·ussun
What subjects do you like best?	Dè na cuspairean as fheàrr leat?	jae nuh coo·sparrun ushahr let?
Do you like school?	An toil leat an sgoil?	un taw let un skol?
Yes/No	'S toil/cha toil	stol/cha tol
Who else is in your class?	Cò eile tha sa' chlas agad?	coe illih ha suh chlass ackut?
What stage are you at?	Dè 'n ìre aig a bheil thu?	jaen yeeeruh eck uh vil oo?
Are you good at . . .?	A bheil thu math air . . .?	uh vil oo ma ir . . .?
Did she win a prize?	An do choisinn i duais?	un daw chosheen yee doo·ush
When are the holidays?	Cuine bhios na saor-làithean ann?	coon·yuh viss nuh seur lah·yun a·oon?
What are you going to be when you grow up?	Dè tha gu bhith annad nuair a dh'fhàsas tu mòr?	jae ha goo vee oonut noo·ur uh ghah·suss doo moer?
I'm going to be a prime minister	Tha mise gu bhith 'nam phrìomhair	ha meeshuh goo vee nam free·uhvir

84

Common Domestic Phrases

Come in	Thig a-steach	heek uh shtchach
Come here	Trobhad seo	troe·ut shaw
Who was at the door?	Cò bh'aig an doras?	coe veck un dorruss?
It was . . .	'Se . . . a bh'ann	sheh . . . uh va·oon
Give me your coat	Thoir dhomh do chòta	horr ghoe daw chawtuh
Sit down	Suidh sìos	soo·ee shee·uss
Shut the door (behind you)	Dùin an doras (air do chùlaibh)	doon yun dorruss (ir daw choeliv)
Open the window	Fosgail an uinneag	foe·skill un oon·yack
It's getting dark — put on the light	Tha e 'fàs dorch — cuir air an solas	ha eh fahss dorroch — coor irrun solluss
Put off the radio: It's too noisy — turn it down	Cuir dheth an rèdio: tha e ro fhuaimneach — tionndaidh sìos e	coor yeh un reh·dio ha eh ro oo·umroch — tchoon·da·ee shee·uss eh
Can I get past?	Am faigh mi seachad?	um fa·ee mee shachut?
Move out of the road	Mach às an rathad	mach assuh rah·at
You're in my way	Tha thu anns an rathad orm	ha oo unsuh rah·at orrom
You're in my light	Tha thu anns an t-solas orm	ha oo unsun toluss orrom
Go on —	Siuthad —	shoo·ut
Go ahead	Gabh air t'adhart	gaw ir deu·urt
You nearly fell	Theab thu tuiteam	hip oo tootchum
You managed it	Rinn thu 'chùis air	ra·een yoo choosh ir
I never saw the like	Chan fhaca mi a leithid	chan achkuh mee leh·hitch
It's time . . . (he came)	Tha thìd . . . (aige tighinn)	ha hee·j (egg·yuh tchee·een)
There's no sign of him/it	Chan eil sgeul air	chan yil skee·al ir
Are you listening to me?	A bheil thu 'g èisdeachd rium?	uh vil oo gaesh·jochk room?
I didn't hear you	Cha chuala mi thu	cha choe·ulluh mee oo
You're kidding me	Tha thu tarraing asam	ha oo ta·ring assum
I had better not	Chan eil math dhomh	chan yil ma ghoe
What's on television?	Dè th'air an telebhisean?	jae hirrun televishan?
Nothing worth watching	Chan eil càil as fhiach fhaicinn	chan yil cahl ish ee·och ech·keen

Lost and Found

Where's . . .?	Càit a bheil . . .?	kahtch uh vil . . .?
Where did you put . . .?	Càit an do chuir thu . . .?	kahtch undaw choor oo . . .?
Has anybody seen . . .?	Am faca duine . . .?	um fachkuh doon·yuh . . .?
I don't know	Chan eil fhios agam	chan yil iss ackum

I haven't seen it	Chan fhaca mi e	cha<u>n</u> achkuh mee eh
I didn't touch it	Cha do bhean mi dha	cha <u>d</u>aw ven mee ghah
It's where you left it	Tha e far na dh'fhàg thu e	ha eh far nuh ghah koo eh
I think it's . . .	Tha mi 'smaoineachadh gu bheil e . . .	ha mee smeun·yochugh goo vil eh . . .
. . . on top of the books	. . . air mullach na leabhraichean	. . . ir moo<u>l</u>och nuh l·yawreech·yun
. . . on the back of the door	. . . air cùl an dorais	. . . ir coel <u>un</u> <u>d</u>orreesh
. . . in your pocket	. . . 'na do phòcaid	. . . na <u>d</u>aw faw·catch
What are you looking for?	Dè tha thu lorg?	jae ha oo <u>l</u>orrock?
I've lost . . .	Chaill mi . . .	cha·eel mee . . .
See if you can find . . .	Feuch an lorg thu . . .	fee·ach un <u>l</u>orrock oo . . .
Will you get . . . for me?	Am faigh thu . . . dhomh?	um fa·ee oo . . . ghoe?
I don't know where it is	Chan eil fhios 'am càit a bheil e	chan yil issum kahtch uh vil eh
Get it yourself!	Faigh fhèin e!	fa·ee haen eh!
Here it is!	Seo e!	shaw eh!
I've got it!	Fhuair mi e!	hoo·ur mee eh!

Household Chores

drying	a' tiormachadh	uh tchirrumochugh
fixing	a' càradh	uh cah·ragh
folding	a' pasgadh	uh paskugh
hanging	a' crochadh	uh crochugh
helping	a' cuideachadh	uh coo·jochugh
ironing	ag iarnaigeadh	uhg ee·urneegugh
lifting	a' togail	uh <u>t</u>oekal
painting	a' peantadh	uh pentugh
putting (away)	a' cur (air falbh)	uh coor (ir fa<u>l</u>av)
sweeping	a' sguabadh	uh skoo·ubbugh
tidying	a' sgioblachadh	uh skib<u>l</u>ochugh
trying (attempting)	a' feuchainn	uh fee·acheň
I'm busy working	Tha mi trang ag obair	ha mee trang guh goebir
What are you doing?	Dè tha thu 'dèanamh?	jae ha oo jee·annuv?
I'm making the bed	Tha mi a' càradh na leap'	ha mee uh cahragh nuh l·yep
cleaning the house	a' glanadh an taighe	uh <u>g</u>lannugh u<u>n</u> <u>t</u>eh·uh
washing the dishes	a' nighe na soithichean	uh ňee·uh nuh seh·eech·yun
doing the washing	a' dèanamh an nighdeaireachd	uh jee·annuv un ňee·<u>d</u>arrochk
making the dinner	a' dèanamh an dìnneir	uh jee·annuv un jeeen·yer
scrubbing the floor	a' sgùradh an làir	uh skoorugh un <u>l</u>ahr
I'm going . . .	Tha mi 'dol . . .	ha mee <u>d</u>oll . . .
to work outside	a dh'obair a-muigh	uh ghoebir uh moo·ee

86

to clean the car	a ghlanadh a' chàir	uh ghlannugh uh chahr
to mend this shelf	a chàradh an sgeilp seo	uh chahragh un skillip shaw
Did you do it yet?	An do rinn thu fhathast e?	un daw ra·een yoo hah·ast eh?
He's working on it just now	Tha e 'g obair air an-dràsda	ha eh goebir ir un drah·stuh
There's no word of it	Chan eil guth air	chan yil goo hir
I'm trying to do it	Tha mi 'feuchainn ri dhèanamh	ha mee fee·acheñ ree yee·annuv
I'm going to do it	Tha mi 'dol 'ga dhèanamh	ha mee doll ga yee·annuv
He's lifting them	Tha e 'gan togail	ha eh gan toekal
She's helping me	Tha i 'gam chuideachadh	ha ee gam choo·jochugh
I'm taking the dog out for a walk	Tha mi a' dol a-mach cuairt leis a' chù	ha mee doll uh mach coe·ursht lish uh choo

In the Kitchen/Cooking
(See also Section K)

full/empty	làn/falamh	lahn/fah·luv
clean/dirty	glan/salach	glan/salloch
finished/ready	deiseil	jishell
baking	a' deasachadh *or* a' fuine	uh jessochugh (uh foeñ)
boiling	a' goil	uhg eul
burning	a' losgadh	uh loeskugh
cooking	a' bruich *or* a' còcaireachd	uh bree·ch (uh cawkirrochk)
filling	a' lìonadh	uh l·yee·unnugh
melting	a' leaghadh	uh l·yeu·ugh
mixing	a' measgachadh	uh meskochugh
pouring	a' dòrtadh	uh dawrshtugh
soaking	a' bogadh	uh boekugh
stirring	a' cur mun cuairt	uh coor moong coe·ursht
the pot *or* the pan	a' phoit *or* a' phrais	uh foytch (uh frash)
a small pot	sgeileid	skilletch
the lid (the pot lid)	an ceann (ceann na poite)	ung k·ya·oon (k·ya·oon uh foytch)
the ladle	an liagh	un l·yee·agh
the cooker/stove	an stòbha	un stawvuh
the oven	an àmhainn	un ah·veen
the heat	an teas	un tchess
the steam, smoke	an ceò	ung k·yaw
the smell	am fàileadh	um fah·lagh
the taste	am blas	um blass
basin	am mias	um mee·ass
bucket	am peile/an cuman	um pilluh/ung kooman
soap	an siabann	un shee·ubbun
pegs	na prìnichean	nuh preeneech·yun

Will you help me?	An cuidich thu mi?	ung coo·jeech oo mee?
What do you want me to do?	Dè tha thu 'g iarraidh orm a dhèanamh?	jae ha oo g·ee·urry orrom uh yee·annuv?
Will you make me a cup of tea?	An dèan thu cupan tea dhomh?	un jee·an oo coopan tea ghoe?
Drain the potatoes	Taom am buntàta	teum um boontahtuh
Set the table	Seat am bòrd	set um bawrd
She's peeling the potatoes	Tha i rùsgadh a' bhuntàt'	ha ee roeskugh uh voontaht
The kettle's boiling	Tha 'n coire 'goil	hahng corruh geul
Put it on the table	Cuir air a' bhòrd e	coor irruh vawrd eh
Leave it till it gets cold	Fàg e gus am fàs e fuar	fahk eh goo sum fah seh foo·urr
There's something singeing	Tha rudeigin a' dathadh	ha rooticken uh dah·ugh
The pan's boiling over	Tha a' phrais a' dol thairis	ha frash uh doll harreesh
It's boiling too hard	Tha e 'goil ro bhrais	ha eh geul ro vrash
The pot has boiled dry	Tha a' phoit air traoghadh	ha uh foytch ir treu.ugh
It's sticking to the bottom of the pot	Tha e 'leantainn ri tòin na praise	ha eh l·yenteeñ ree tawn yuh frash
It's overcooked	Fhuair e cus bruich	hoo·urr eh cooss bree·ch
Did you put salt in it?	An do chuir thu salainn ann?	nuh choor oo saleeñ a·oon?
Yes/No, not yet	Chuir/cha do chuir fhathast	choor/cha daw choor hah·ast
What food do we need?	Dè 'm biadh a tha dhìth oirnn?	jaem bee·ugh uh ha yeee awrñ?
We're short of bread	Tha sinn gann de dh'aran	ha sheeñ ga·oon jeh gharran
I must buy . . .	Feumaidh mi . . . a cheannach	faemee mee . . . uh ch·yannoch

Family Meals
(See also P.44)

a mouthful (of food)	gàmag	gah·mack
a mouthful (of drink)	balgam	balackum
a crumb(s)	criomag(an)	crimack(un)
a drop	deur	jee·ar
bite, biting	bìd, a' bìdeadh	bee·j, uh bee·jugh
chew/crunch, chewing	cagainn, a' cagnadh	cag·eeñ, uh cagnugh
choke, choking	tachd, a' tachdadh	tachk, uh tachkugh
lick, licking	imlich, ag imlich	immuleech, ug immuleech
suck, sucking	deoghail, a' deoghal	jawil, uh jawull
swallow, swallowing	sluig, a' slugadh	sloo·ik, uh slookugh
What's for tea?	Dè th'ann gu tea?	jae ha·oon goo tea?
Are there any biscuits in?	A bheil briosgaidean a-staigh?	uh vil briskatchun uh stuh·ee?
Eat your food while it's hot	Ith do bhiadh fhad's a tha e teth	eech daw vee·ugh atsuh ha eh tcheh

Who wants . . .?	Cò tha 'g iarraidh . . .?	coe ha g·ee·urry . . .?
I do	Tha mise	ha meeshuh
What about me?	Dè mu mo dheidhinn-sa?	jae moo mo yae·eensuh?
Is there any more . . .?	A bheil tuilleadh . . . ann?	uh vil tool·yugh . . . a·oon?
You've had enough already	Fhuair thusa gu leòr mar tha	hoo·ur oosuh goo l·yawr mar ha
There's no . . . left	Chan eil . . . air fhàgail	chan yil . . . ir ahkal
Try to eat the cabbage	Feuch an ith thu 'n càl	fee·ach un yeech oong kahl
Watch you don't spill it	Bi faicilleach mus dòirt thu e	bee fechkeel·yoch muss dawrsht oo eh
I've got hiccups	Tha 'n aileag orm	hahn Alack orrom
Take your time (to it)	Gabh do thìde (dha)	gav daw hee·juh (ghah)
This is very good	Tha seo glè mhath	ha shaw glae va
Who made it?	Cò rinn e?	coe ra·een yeh?
I did/Mary did	Rinn mise/rinn Màiri	ra·eeñ meeshuh/ ra·eeñ Mahree
I really enjoyed that	Chòrd sin rium glan	chawrd shin room glan
He got more than me	Fhuair esan barrachd orm-sa	hoo·urr essun barrochk orromsuh
Shut your mouth while you're eating	Dùin do bheul fhad's a tha thu 'g ithe	dooñ daw vee·al atsuh ha oo g·eechuh
Sit up and shut up	Suidh suas agus eisd	soo·ee soo·uss ughuss ishtch
Please may I leave the table?	Am faod mi èirigh bhon bhòrd?	um feut mee air·ee voen vawrd?

Talking with Children
(See also P. 84 on Schooling)

Look what I've got	Seall dè fhuair mi	sha·ool jae hoo·urr mee
What have you got? (in your hand)	Dè th'agad ('na do làimh)?	jae haghut (na daw lah·eev)?
What have you done?	Dè rinn thu?	jae ra·een yoo?
Good boy (good girl)	balach còir (nighean chòir)	balloch cawr (n·yee·un chawr)
Bad boy (bad girl)	balach crosd (nighean chrosd)	balloch crosst (n·yee·un chrosst)
Do you like . . . (sweets)?	An toigh leat . . . (suiteas)?	un tollet . . . (soo·eetess)?
Yes/No	'S toil/cha toil	stol/cha tol
Put away your toys	Cuir air falbh na cleasan agad	coor ir falav nuh clessun aghut
I can't do it	Chan urrainn dhomh a dhèanamh	chan oereeñ ghoe uh yee·annuv

89

English	Gaelic	Pronunciation
I haven't got time	Chan eil tìd agam	chan yil tcheee·j ackum
Do it, or you'll get a slap (smack)	Dèan e, air neo gheibh thu sgailc (dèiseag)	jee·ann eh, ir n·yaw yiv oo skal·c (jaeshack)
If I'm good . . . . . . may I get (an apple)?	Ma bhios mi còir . . . am faod mi (ubhal) fhaighinn?	ma viss mee cawr . . . um feut mee (oo·ull) a·yeen?
Yes/No	Faodaidh/Chan fhaod	feutee/Chan eut
May I go out to play?	Am faod mi dhol a-mach a chluich?	um feut mee gholl uh mach uh chloo·eech?
Did you get permission?	An d'fhuair thu cead?	un doo·urr oo k·yet?
Take it easy	Air do shocair	ir daw hochkir
Why are you crying?	Carson a tha thu 'gal?	carsawn uh ha oo gal?
He's a wee bit shy	Tha e caran diùid	ha eh carran joo·j
Ignore him	Coma leat dheth	coemuh let yeh
She's in a huff	Tha stùirc oirre	ha stoork orrih
Give me your hand	Thoir dhomh do làmh	hor ghoe daw lahv
I've nothing to do	Chan eil càil agam ri dhèanamh	chan yil cahl ackum ree yee·annuv
Play a game — pretend you're soldiers	Cluich geama — leigibh oirbh gur e saighdearan a th'annaibh	cloo·eech g·emmuh — l·yeek irriv goor eh suh·eejarrun uh hannuv
Catch hold of this	Gabh grèim air seo	gav graem ir shaw
Don't drop it	Na leig leis tuiteam	na l·yeek lish tootchum
Don't touch that!	Na bean dhan a sin	na ben gha nuh shin!
Stop doing that!	Sguir a dhèanamh sin	skoor uh yee·annuv shin!
It's time you . . . . . . went to bed	Tha thìd agad . . . . . . dhol dhan leabaidh	ha hee·j aghut . . . . . . gholl ghan l·yebee
Go to sleep. Sleep well	Falbh a chadal. Caidil gu math	falav uh chadull. ca·jill goo ma
Mummy! Daddy! Yes	Mamaidh! Dadaidh! Seadh	mammy! daddy! sheugh
Will you get me a drink of water?	Am faigh thu deoch uisge dhomh?	um fa·ee oo joch ooshk·yuh ghoe?

Disharmony

English	Gaelic	Pronunciation
arguing	ag argumaid	uh garragoomatch
crying	a' gal or a' rànaich	uh gal (uh rahneech)
fighting	a' sabaid	uh sabbatch
hitting	a' bualadh	uh boe·ullugh
screaming	a' sgriachail/a' sgiamhail	uh skree·uchal, uh skee·uval
shouting	ag èigheach	uh gae·yoch
swearing	a' guidheachan	uh goo·yochan
What a noise!	Abair fuaim!	abbir foo·um

Stop it. Be quiet	Sguir dheth. Bi sàmhach	skoor yeh. bee sahvoch
What happened?	Dè thachair?	jae hachir?
He hit me	Bhuail e mi	voo·ill eh mee
No I didn't. You hit me first	Cha do bhuail. Bhuail thusa mise an toiseach	cha daw voo·ill. voo·ill oo·suh meeshuh un toshoch
It's not my fault	Chan e mis' as coireach	chan yeh meesh iss curroch
He made me do it	Thug e orm a dhèanamh	hook eh orrom uh yee·annuv
He kicked me	Dh'fheuch e a chas orm	yee·ach eh uh chass orrom
You're a bully	'Se burraidh a th'annad	sheh boorree uh hoonut
He's only a wee boy	Chan eil ann ach gille beag	chan yil a·oon ach g·eel·yuh bick
He stole my gun	Ghoid esan mo ghunna	gheutch essun mo ghoonnuh
Let go of it/him	Leig às e	l·yeek ass eh
Stop teasing her	Sguir a tharraing aisde	skoor uh harring ashtchuh
Say you are sorry	Can gu bheil thu duilich	can goo vil oo dooleech
Hold your tongue (or else . . .)	Cùm do theanga (air neo . . .)	coom daw heh·ghuh (ir n·yaw . . .)
You're very cheeky	Nach tu tha bragail	nach doo ha braggal
Don't be naughty	Na bi mì-mhodhail	na bee mee voeghal
It serves you right	'S math an airidh	sma hun arry

People and Individuals

two people	dithis	jee·eesh
three people	triùir	troor
four people	ceathrar	kehrer
five people	còignear	coe·ickn·yer
six people	sianar	shee·annur
seven people	seachdnar	shachknur
eight people	ochdnar	ochknar
nine people	naoinear	neu·een·yar
ten people	deichnear	jaechnar

(over ten, numbers of persons revert to the normal numerals eg sixteen people — sia duine deug. See Section D for Numerals.)

a person or two	duine no dhithis	doon·yuh naw yee·eesh
lots of people	mòran dhaoine	moe·ran gheun·yuh
everybody	a h-uile duine	uh hooluh doon·yuh
Which one of them?	Cò 'm fear aca?	coem ferr achkuh?
all of them	a h-uile duin' aca	uh hooluh doon yachkuh
some of them	cuid dhiubh	cootch yoo
somebody (anybody)	cuideigin (duine sam bith)	cootch·icken (doon·yuh sumbee)
one of them (masc)	fear dhiubh	ferr yoo
one of them (fem)	tè dhiubh	tchae yoo
the majority (of them)	a' chuid as motha (dhiubh)	a chootch uss mawuh (yoo)
the others	an fheadhainn eile	un yeugheeñ illuh
None of them was there	Cha robh duin' ac' ann	cha ro doon yachk a·oon
Lots of people were there	Bha mòran dhaoine ann	vah moeran gheun·yuh a·oon
a fair crowd of people	grunn math dhaoine	groen ma gheun·yuh
. . . one after the other	fear às dèidh chèile	ferr ush jae·ee ch·yaeluh

Individuals — Physical Description

the baby	am pàisdean	um pahsh·jan
the child	an leanabh	un l·yenniv
the children	a' chlann	uh chla·oon
the boy	an gille or am balach	ung g·eel·yuh (um balloch)
the girl	a' chaileag or an nighean	uh chalack (un n·yee·un)
the man	an duine or am fireannach	un doon·yuh (um firrunoch)
the woman	am boireannach	um borrunoch
the old man	am bodach	um boddoch
the old woman	a' chailleach	uh chal·yoch

92

blond (a blond man)	bàn (duine bàn)	bahn (<u>doon</u>·yuh bahn)
brunette	donn	<u>duh</u>·<u>oon</u>
black-haired	dubh	<u>doo</u>
red-haired	ruadh	roe·ugh
grey-haired	liath	l·yee·uh
curly-haired	coileach	culloch
bald	maol	meu<u>l</u>
big/small, short	mòr/beag	moer/bick
fat	tiugh or reamhar	tchoo (ravvur)
thin	caol or tana	keu<u>l</u> (<u>t</u>annuh)
tall/pretty	àrd/snog	ahrd/snock
young/old	òg/aosda or sean	awg/eus<u>t</u>uh (shen)
beautiful	bòidheach or brèagha	baw·yoch (bree·a·uh)
handsome	eireachdail	irrochkal
strong	làidir	<u>l</u>ah·jir
sturdy, well-built	tapaidh	<u>t</u>appy
(can also mean 'clever')		

Do you know . . .?	An aithne dhuit . . .?	u<u>n</u> ann·yuh ghoo<u>t</u> . . .?
Yes/No	'S aithne/Chan aithne	sann·yuh/cha<u>n</u> ann·yuh
what does he (she) look like?	Dè as coltas dha (dhi)?	jae iss co<u>lt</u>ass ghah (yee)?
She's small and fair-haired	Tha i beag is bàn	ha ee bick iss bahn
He's quite big	Tha e gu math mòr	ha eh goo ma moer
He's a wee fat boy	'Se gille beag tiugh a th'ann	sheh g·eel·yuh bick tchoo uh ha·oo<u>n</u>
What did he look like?	Dè bu choltas dha?	jae boo cho<u>lt</u>ass ghah?
He was fairly tall	Bha e meadhanach àrd	vah eh mee·anoch ahrd
He was a handsome man	'Se duine eireachdail a bh'ann	sheh <u>doon</u>·yuh irrockal uh va·oo<u>n</u>
a fair-haired girl	caileag bhàn	callack vahn
a bald man	duine maol	<u>doon</u>·yuh meu<u>l</u>
a bearded man	duine le fiasaig	<u>doon</u>·yuh leh fee·ussack
She has freckles	Tha breacadh-seunain oirre	ha brechkuh shee·unnan orruh
My, you are suntanned	Nach tu tha dubh aig a' ghrian	nach <u>doo</u> ha <u>doo</u> hock uh ghree·un

Character & Personality

crafty, cunning	carach or seòlta	carroch (shaw<u>lt</u>uh)
fine, good	gasda or laghach	gass<u>t</u>uh (<u>l</u>eu·och)
gentle	solt	sa<u>lt</u>
impatient	mì-fhoighidneach	mee eu·eetch·noch
intelligent	tuigseach	<u>t</u>ookshoch
kind	còir or dòigheil	cawr (<u>d</u>aw·yell)
lazy	leisg	l·yishk
patient	foighidneach	feu·eetch·noch
proud (of)	pròiseil or moiteil (à/ às)	praw·shell (moytchell (a/ass))

sensible	glic *or* ciallach	gleechk (kee·ulloch)
shy	diùid	jooo·j
stupid	gòrach	gawroch
surly, nasty	suarach *or* mosach	soe·urroch (mossoch)
business-like	gnothachail	grawochal
opinionated	beachdail	b·yachkal
talkative	còmhraideach	cawratchoch
a fool (masc/fem)	amadan/òinseach	ammudan/awnshoch
a rascal, thief	meàirleach	m·yarloch
a wretch, poor soul	truaghan *or* bochdan (masc)	troo·ughan (bochkan)
	truaghag *or* bochdag (fem)	troo·ughack (bochkack)
What kind of man is he?	Dè seòrsa duine a th'ann?	jae shawrsuh doon·yuh uh ha·oon?
He's a fine man	'Se duine laghach a th'ann	sheh doon·yuh leu·och uh ha·oon
a true gentleman	fìor dhuin-uasal	feer ghoon·yoo·ussull
a complete fool	fìor amadan	feer ammudan
What kind of child is she?	Dè seòrsa leanabh a th'innt'?	jae shawrsuh l·yenniv uh heentch?
a docile child	leanabh solt	l·yenniv salt
What do you think of him?	Dè do bheachd air?	jae daw v·yachk ir?
Do you like her?	An caomh leat i? *or* An toigh leat i?	ung keuv let ee?un tollet ee?
Yes	'S caomh *or* 's toigh	skeuv (stol)
No	Cha chaomh *or* cha toigh	cha cheuv (cha tol)
I don't like him at all	Cha chaomh leam idir e	cha cheuv loom ee·jir eh
They say he is . . .	Tha iad ag ràdh gu bheil e . . .	haht uggrah goo vil eh . . .
My, you are hard on him	Nach tu tha trom air	nach doo ha truh·oom ir
He's a friend of mine	'Se caraid dhomh a th'ann	sheh karreetch ghoe uh ha·oon

Emotions/Feelings
(See also P. 90 'Disharmony')

angry, wild	feargach *or* fiadhaich	ferragoch (fee·uh·eech)
jealous	farmadach *or* eudach	farramuddoch (ee·addoch)
pleased	toilichte	tolleech·tchuh
sad	tùrsach *or* brònach	toersoch (brawnoch)
satisfied	riaraichte	ree·ureech·tchuh
worried	fo chùram *or* fo iomagain	fo choorum (fo immuggan)
a tear (the tears)	deur (na deòir)	jee·ar (nuh jawr)
a sigh (sighing)	osann (ag osnaich)	oss·un (uh goss·neech)
pining	a' caoineadh	uh keun·yugh

94

What's worrying you?	Dè tha 'cur dragh ort?	jae ha coor dreugh orsht?
Nothing much	Chan eil mòran	chan yil moeran
I'm happy enough	Tha mi sona gu leòr	ha mee sonnuh goo l·yawr
He's as pleased as Punch	Tha e air a dhòigh	ha eh irruh ghaw·ee
Why is he laughing?	Carson a tha e a' gàireachdainn?	carsawn uh ha eh uh gahrochkeeñ?
He is smiling	Tha e 'dèanamh gàire	ha eh jee·annuv gahruh
I love you	Tha gaol agam ort	ha g·eul ackum orsht
That's not funny at all	Chan eil sin èibhinn idir	chan yil shin ae·veeñ eejir
Why are you crying?	Carson a tha thu 'gal?	carsawn uh ha oo gal?
I'm a wee bit lonely	Tha mi caran aonranach	ha mee carran eunrannoch
They are homesick	Tha 'n cianalas orra	hahng kee·unnulluss orruh
The work is harassing him	Tha 'n obair 'ga shàrachadh	hahn oebir ga hahrochugh
Shame on you!	Mo nàir' ort!	mo nahr orsht!
I was ashamed	Bha mi air mo nàrachadh	vah mee ir mo nahrochugh
He was mocking me	Bha e 'fanaid orm	vah eh fannatch orrom
Why are you afraid?	Carson a tha eagal ort?	carsawn uh ha ickul orsht?
I am frightened of the dog	Tha eagal orm roimhn chù	ha ickul orrom rawn choo
It won't harm you at all	Cha dèan e cron ort idir	cha jee·an eh cron orsht eejir

Having, Owning & Wearing

my —	mo	(I) mi	+ aig (at) = agam	+ le (with) = leam
your	do	(you) thu	= agad	= leat
his	a	(he) e	*Having* = aige	*Owning* = leis
her	a	(she) i	= aice	= leatha
our	ar	(we) sinn	= againn	= leinn
your	bhur	(you) sibh	= agaibh	= leibh
their	an/am	(they) iad	= aca	= leotha

(For speed of reference these lists have been given here; for further details See Grammar Section B, P.   )

my coat	mo chòta *or* an còta agam	mo chawtuh (ung kawt ackum)
his shoe	a bhròg *or* a' bhròg aige	uh vrawg (uh vrawg egg·yuh)
her shoe	a bròg *or* a' bhròg aice	uh brawg (uh vrawg echk·yuh)
their houses	an taighean *or* na taighean aca	un teh·hun (nuh teh·hun achk·uh)
James' coat	còta Sheumais *or* an còta aig Seumas	cawtuh haemish (ung kawt eck shaemuss)

95

my brother's book	leabhar mo bhràthar or an leabhar aig mo bhràthair	l·yawr mo vrah·har (un l·yawr eck mo vrah·har)
the dog's tail	earball a' choin or an t-earball aig a' chù	irribul uh cheñ (untch irribul eck uh choo)
What have you got?	Dè th'agad?	jae haghut?
I have a coat	Tha còta agam	ha cawtuh ackum
They have books	Tha leabhraichean aca	ha l·yawreechin achkuh
Do you have a car? Yes/No	A bheil càr agad? Tha/Chan eil	uh vil cahr ackut? ha/chan yil
Who has the key?	Co aig a tha 'n iuchair?	coe eck uh hahn yoochar?
Me/John	agamsa/aig Iain	ackum·suh/eck ee·añ
John has it	'Sann aig Iain a tha i	sa·oon eck ee·añ uh ha ee
Here are your gloves	Seo do mhiotagan	shaw daw veetackun
He's holding a pen	Tha peann aige 'na làimh	ha p·ya·oon egg·yuh na la·eev
You have a bit to go	Tha pìos agaibh ri dhol	ha peess ackuv rih gholl
I have the house to clean	Tha 'n taigh agam ri ghlanadh	hahn tuh·ee ackum rih ghlannugh
She had a book to read	Bha leabhar aice ri leughadh	vah l·yawr echk·yuh rih laevugh
That's Donald's car	'Se sin càr Dhòmhnaill	sheh shin cahr ghaw·eel
Whose is this?	Co leis a tha seo?	coe lish uh ha shaw?
Mine/John's	leamsa/le Iain	loom·suh/leh ee·añ
It is mine	'Sann leamsa a tha e	sa·oon loom·suh uh ha eh
Is this your bag?	An ann leatsa a tha am baga seo?	un a·oon let·suh uh hahm bagguh shaw?
Yes/No	'Sann/chan ann	sa·oon/chan a·oon
Is this your bag?	An e seo am baga agad?	un yeh shaw um bagguh ackut?
Yes/No	'Se/chan e	sheh/chan yeh
That car belongs to Donald	'Sann le Dòmhnall a tha an càr sin	sa·oon leh daw·ull uh hahng cahr shin

Wearing
(See also Pages 69 & 70)

mi + air (on)	= orm		+ dheth (off/from)	= dhìom	
thu	= ort			= dhìot	
e	*Wearing*	= air	*Take off*	= dheth	
i		= oirre		= dhith	
sinn		= oirnn		= dhinn	
sibh		= oirbh		= dhibh	
iad		= orra		= dhiubh	

What's that you're wearing?	Dè tha sin a th'ort?	jae ha shin uh horsht?

What will I wear?	Dè chuireas mi orm?	jae chooruss mee orrom?
I'll wear a long dress	Cuiridh mi orm dreas fada	cooree mee orrom dress fattuh
Are you going to wear a hat?	A bheil thusa 'dol a chur ort ad?	uh vil oo·suh doll uh choor orsht at?
They were wearing trousers	Bha briogais orra	vah brickish orruh
Put on your coat	Cuir ort (or Cuir umad) do chòta	coor orsht (coor oomut) daw chawtuh
Take off your jacket	Cuir dhìot do sheacaid	coor yee·ut daw h·yach·catch
Didn't you have boots on?	Nach robh bòtannan ort?	nach ro bawtunnun orsht?
Yes, but I took them off	Bha, ach chuir mi dhìom iad	vah, ach choor mee yee·um at
Your slip's showing	Tha do chota-bàn ris	ha daw chawtuh-bahn reesh
You've got it on . . .	Tha e ort . . .	ha eh orsht . . .
. . . inside out	. . . taobh a-muigh a-staigh	. . . teuv uh moo·ee uh stuh·ee
. . . back to front	. . . cùlaibh ri beulaibh	. . . coeliv ree bee·aliv
It's got a twist in it	Tha car ann	ha kar a·oon
It's got a hole in it	Tha toll air	ha tuh·ool ir
What do you wear under your kilt?	Dè th'ort fo d' fhèileadh?	jae horsht fot aelugh?
None of your business	Chan e do ghnothach e	chan yeh daw ghraw·och eh

Personal Communication

Letter-writing

letter(s)	litir (litrichean)	l·yeetchir (l·yeetch·reechun)
card(s)	cairt(ean)	cahrsht(un)
envelope(s)	cèis(ean)	caesh(un)
stamp(s)	stamp(aichean)	stamp(eech·yun)
the address	an seòladh	un shawlugh
reading and writing	a' leughadh 's a' sgrìobhadh	uh l·yaevugh suh skreevugh
John MacDonald Esq(uire)	Iain Dòmhnallach Uas(al)	ee·añ dawnalloch oo·uss(ull)
Dear Sir (lit. kind friend)	A charaid chòir	uh charreetch chawr
Dear Donald	A Dhòmhnaill chòir	uh ghaw·eel chawr
Dear Madam	A bhana-charaid chòir	uh vanna charreetch chawr
Thank you for your letter	Tapadh leat (or leibh) airson do litreach	tappuh let (leh·eev) irsawn daw leetroch
I'm sorry I didn't write before now	Tha mi duilich nach do sgrìobh mi roimhe seo	ha mee dooleech nach daw skreev mee royuh shaw
I'd like to draw your attention to . . .	Bu thoigh leam d'aire a tharraing ri . . .	boo holoom da·ruh uh harring ree . . .
I'd like to thank you for . . .	Bu thoigh leam taing a thoirt dhuit airson . . .	boo holoom ta·eeng guh hort ghoot irsawn . . .
I am (greatly) obliged to you	Tha mi (fada) 'nad chomain	ha mee (fattuh) nat choe·meeñ
Many thanks	Mòran taing	moe·ran ta·eeng
Yours faithfully (lit. myself with respect)	Mise le meas	meeshuh leh mess
Yours sincerely (lit. with true sincerity)	Le deagh dhùrachd	leh jae ghoe·rochk
With good wishes	Le dùrachdan	leh doe·rochkun

On the Phone

ask, asking (of)	faighnich, a' faighneachd (de)	fuh·eeñeech, uh fuh·eeñochk (jeh)
answer, answering	freagair, a' freagairt	frickur, uh frickurt
lift/put down	tog/cuir sìos	toek/coor shee·uss
the number	an àireamh	un ahriv
the telephone directory	leabhar-a-fòn	l·yawr uh foen
The phone's ringing	Tha am fòn a' dol	hahm phone uh doll
Who's going to lift it?	Cò tha 'dol 'ga thogail?	coe ha doll ga hoe·kal?
I'll get it	Togaidh mis' e	toe·kee meesh eh

98

Who's speaking?	Cò tha 'bruidhinn?	coe ha broo·yeeñ?
Is . . . in?	A bheil . . . a-staigh?	uh vil . . . uh stuh·ee?
I'm sorry, he's out	Tha mi duilich, tha e muigh	ha mee dooleech, ha eh moo·ee
Can I take a message? (for him)	A bheil thu airson brath fhàgail (aige)?	uh vil oo irsawn bra hahkal egg·yuh?
Can you . . .?	An urrainn dhuit . . .?	un oe·reeñ ghoot . . .?
I want to find out if . . . is . . .	Tha mi airson faighinn a-mach a bheil . . .	ha mee irsawn fa·yeeñ uh mach uh vil . . .
Do you know if . . . is . . .?	A bheil fios agad a bheil . . .?	uh vil fiss ackut uh vil . . .?
Tell him I'm out	Can ris gu bheil mi muigh	can reesh goo vil mee moe·ee
I'll tell him you rang	Innsidh mi dha gun do dh'fhòn thu	eenshee mee ghah goon daw ghoen oo
I'll ask her to ring you back	Iarraidh mi oirre fònadh air ais thugad	ee·urry mee orrih foe·nugh ir ash hoogut
John is (was) on the phone for you	Tha (Bha) Iain air a fòn dhuit	ha (va) ee·an yir uh foen ghoot
What did he say?	Dè thuirt e?	jae hoert eh?
He wanted you to go and give him a lift	Bha e 'g iarraidh ort a dhol 'ga thogail	va eh g·ee·urry orsht uh gholl ga hoe·kal
What's her number?	Dè 'n àireamh a th'aice?	jaen ahriv uh hechk·yuh?
There's no reply	Chan eil duine 'freagairt	chan yil doon·yuh frickurt
I'm sorry I didn't ring earlier	Tha mi duilich nach do dh'fhòn mi roimhe	ha mee dooleech nach daw ghoen mee royuh
I'll phone you when I know	Fònaidh mi thugad nuair a bhios fios agam	foenee mee hoogut noo·urr uh viss fiss ackum
Thanks for phoning	Taing airson fònadh	ta·eeng irsawn foenugh
Cheerio	Cheery/Mar sin leat	tchee·ery/mar shin let
Didn't she have a loud voice!	Nach ann aic' a bha 'n guth mòr!	nach a·oon echk yuh vahng goo moer!

Speaking/Telling
(See also above)

I was speaking to him	Bha mi 'bruidhinn ris	va mee broo·yeeñ reesh
We were conversing together	Bha sinn a' còmhradh ri chèile	va sheen yuh caw·ragh ree ch·yaeluh
He says he's coming	Tha e 'g ràdh gu bheil e 'tighinn	ha eh gra goo vil eh tchee·eeñ
They say they're not tired	Tha iad ag ràdh nach eil iad sgìth	haht uggrah nach il at skee

What shall I say?	Dè chanas mi?	jae channuss mee?
Tell him you're going away	Innis dha gu bheil thu 'dol air falbh	eensh ghah goo vil oo <u>d</u>oll ir fa<u>l</u>av
He told me it couldn't be done	Dh'innis e dhomh nach gabhadh e dèanamh	yeensh eh ghoe nach gavugh eh jee·annuv
What questions did they ask?	Dè na ceistean a dh'fhaighnich iad?	jae nuh kish·jun uh ghuh·eeñeech ee·<u>a</u>t?
They asked me to go	Dh'iarr iad orm a dhol ann	yee·urr <u>at</u> orrom uh gholl a·<u>oo</u>n
What did you reply?	Dè fhreagair thu?	jae rickur oo?
I said I wouldn't (go)	Thuirt mi nach deidheadh	hoert mee nach jae·ugh
Are you telling the truth?	A bheil thu 'g innseadh na fìrinn?	uh vil oo g·eenshuh nuh fee·reeñ?
Yes. I'm not lying	Tha. Chan eil mi 'g innseadh nam breug	ha. chan yil mee g·eenshuh num bree·ack
Did you get a chance to speak to him?	An d'fhuair thu cothrom bruidhinn ris?	u<u>n</u> <u>d</u>oo·urr oo korrum broo·yeeñ reesh?
Yes/No	Fhuair/cha d'fhuair	hoo·urr/cha <u>d</u>oo·urr
He makes no mention of it	Chan eil guth aige air	chan yil goo heg·yuh ir

Thinking/Knowing

What do you think?	Dè tha thu 'smaoineachadh?	jae ha oo smeun·yochugh?
Did you think about it?	An do smaoinich thu air?	u<u>n</u> <u>d</u>aw smeun·yeech oo ir?
Do you think it's ready yet?	Saoil a bheil e deiseil fhathast?	seul uh vil eh jishell hah·as<u>t</u>?
without any doubt	gun teagamh sam bith	goon tchickuv sum bee
It appears so	Tha e coltach gu bheil	ha eh co<u>lt</u>och gu vil
I don't think so	Chan eil mi 'smaoineachadh gu bheil	chan yil mee smeun·yochugh goo vil
I believe so	Tha mi 'creidsinn gu bheil	ha mee kritcheen goo vil
I don't believe so	Cha chreid mi gu bheil	cha chritch mee goo vil
What's your opinion?	Dè do bheachd?	jae <u>d</u>aw v·yachk?
I think that . . .	Tha mi 'saoilsinn gu . . .	ha mee seul·sheeñ goo . . .
I'm of the opinion that . . .	Tha mi den bheachd gu . . .	ha mee jen v·yachk goo . . .
Do you understand me?	A bheil thu 'gam thuigsinn?	uh vil oo gam hook·sheeñ?
What do you mean?	Dè tha thu 'ciallachadh?	jae ha oo kee·ullochugh?
I'm not for it at all	Chan eil mi air a shon idir	chan yil mee irruh hon eejir

100

I'm (strongly) against it	Tha mi 'na aghaidh (gu dubh)	ha mee na a·ghee (goo doo)
I'm in two minds	Tha mi eadar dà bheachd	ha mee eddur dah v·yachk
I don't know	Chan eil fhios agam	chan yil iss ackum
Who knows?	Co aige tha fios?	coe egg·yuh ha fiss?
You know best	'Sann agads' as fheàrr fios	sa·oon aghut sush ahr fiss
He didn't know what to do	Cha robh fios aige dè dhèanadh e	cha ro fiss egg·yuh jae yee·annugh eh
Are you sure (of it)?	A bheil thu cinnteach (às)?	uh vil oo keentchoch (ass)?
Do you remember that day?	A bheil cuimhn' agad air an là sin?	uh vil cuh·een aghut irrun lah shin?
Remind me of it	Cuir 'na mo chuimhn' e	coor na mo chuh·een eh
I forgot it	Chaidh e às mo chuimhne	cha·ee yeh ass mo chuh·eenuh
Surely he'll come	'S cinnteach gun tig e	skeen·tchoch goon jeek eh
I wasn't sure . . .	Cha robh mi cinnteach . . .	cha ro mee keen·tchoch . . .
. . . if he was coming or not	. . . an robh e 'tighinn no nach robh	. . . un ro eh tchee·een no nach ro
I've changed my mind	Dh'atharraich mi m'inntinn	gha·hurreech mee meentcheen
You're out of your mind	Tha thu às do chiall	ha oo ass daw chee·ull
You're driving me daft	Tha thu 'gam chur às mo chiall	ha oo gam choor ass mo chee·ull
He hasn't a clue	Chan eil sgot aige	chan yil scot egg·yuh

Intention/Decision/Action

What shall I do?	Dè nì mi?	jae ñee mee?
We'll see what can be done	Chì sinn dè ghabhas dèanamh	chee sheeñ jae ghavuss jee·annuv
We'll see how it goes	Chì sinn mar a bhitheas	chee sheeñ marruh vee·uss
What should be done?	Dè bu chòir a dhèanamh?	jae boo chawr uh yee·annuv?
I decided to sell the car	Chuir mi romham an càr a reic	choor mee rawum ung cahr uh raechk
He decided it wasn't worth his while	Cho-dhùin e nach b'fhiach e a shaothair dha	cho ghooñ e nach bee·och eh uh heu·hir ghah
He should sit down	Bu chòir dha suidhe sìos	boo chawr ghah sooyuh shee·uss
You should see that film	Bu chòir dhuit an dealbh sin fhaicinn	boo chawr ghoot un jalav shin ech·keeñ
Try to come	Feuch an tig thu	fee·ach un jeek oo
I hope they'll appear	Tha mi 'n dòchas gun nochd iad	hah meeñ daw·chuss goon nochk at
We're expecting him	Tha dùil againn ris	ha dool ackeeñ reesh

There's no sign of them	Chan eil sgeul orra	chan yil skee·a̲l orruh
He usually returns just now	'S àbhaist dha tilleadh an-dràsda	sah·veestch ghah tcheel·yugh u̲n drahstuh
Mary used to come	Chleachd Màiri a bhith 'tighinn	chlechk mahree uh vee tchee·eeñ
See if you can lift this stone (for me)	Feuch an tog thu a' chlach seo (dhomh)	fee·ach u̲n t̲oek oo chlach shaw (ghoe)
You can't do it	Chan urrainn dhuit a dhèanamh	cha̲n oe·reeñ ghoo̲t uh yee·annuv
I must try	Feumaidh mi feuchainn	fae·mee mee fee·acheeñ
Will you manage it?	An dean thu 'chùis air?	u̲n jee·an oo chooosh ir?
Perhaps it will move	'S dòcha gun gluais e	st̲awchuh goong gloe·ush eh
He had to drink a pint	Dh'fheumadh e pinnt òl	yae·mugh eh peentch aw̲l

The Body

The Faculties

the ability, power	an comas	ung coemuss
able to	comasach air	coe·mussoch ir
a feeling	faireachdainn	fa·rochkeeñ
the hearing	a' chlaisneachd	uh chlashñochk
the sight	am fradharc	um freu·urk
the speech	an còmhradh	ung caw·ragh

(See also pp. 24, 28 for sounds & smells)

She is blind	Tha i dall	ha ee da·ool
She can't see a thing	Chan fhaic i sian	chan echk ee shee·un
He lost his sight	Chaill e a fhradharc	cha·eel yeh uh reu·urk
He is deaf	Tha e bodhar	ha eh boe·urr
He can't hear a thing	Cha chluinn e sian	cha chluh·eeñ eh shee·un
He is dumb	Tha e balbh	ha eh balav
He won't say a word	Cha chan e facal	cha chan eh fachkull
She is lame	Tha i crùbach	ha ee krooboch
She can't walk	Chan urrainn dhi coiseachd	chan oe·reen yee coshochk
He's not too good on his feet	Chan eil e ro mhath air a chasan	chan yil eh ro va irruh chassun
What smell is that?	Dè 'm fàileadh tha sin?	jaem fah·lagh ha shin?
I can't smell anything	Chan fhairich mise fàileadh sam bith	chan areech meeshuh fah·lagh sum bee
What does it taste like?	Dè 'm blas a th'air?	jaem blass uh hir?
It tastes of honey	Tha blas na meala air	ha blass nuh m·yaluh ir
I didn't touch it	Cha do bhean mi dha	cha daw ven mee ghah

Parts of the Body

the blood	an fhuil	un ool
the bone(s)	an cnàimh (na cnàmhan)	ung krehv (nuh crah·vun)
the skin	an craiceann	ung krachk·yun
tendon, sinew(s)	fèith(ean)	fae(hun)
vein(s)	cuisle(an)	kooshluh(n)
the gut	am mionach	um minnoch
the heart	an cridhe	ung cree·yuh
the kidneys	na dubhagan	nuh doo·ackun
the liver	an grùthan	ung groo·an
the lungs	an sgamhan	un skavan
the stomach	a' bhrù *or* an stamag	uh vroo (un stamack)

From head to toe

the hair	am falt *or* a' ghruag	um falt (uh ghroo·ug)
the head	an ceann	ung k·ya·oon

103

the face	an t-aodann *or* an aghaidh	un teu·dun (un eughee)
the eye(s)	an t-sùil (na sùilean)	un tool (nuh soo·lin)
the ear(s)	a' chluas (na cluasan)	uh chloe·uss (nuh cloe·ussun)
the nose	an t-sròn	un trawn
the mouth	am beul	um bee·al
the lips	na bilean	nuh beelun
the tongue	an teanga	un tcheh·ghuh
the throat, neck	an amhach	un avoch
the chin	an smeagailt	un smag·eeltch
the body	an corp	ung corp
the back	an druim	un druh·eem
the shoulder(s)	a' ghualainn (na guailnean)	uh ghoe·uleeñ (nuh goo·uln·yun)
the chest, breast	am broilleach *or* an t-uchd	um brill·yoch (un toechk)
the [female] breast(s)	a' chìoch (na cìochan)	uh chee·och (nuh kee·ochun)
the hip	a' chruachan	uh chroo·uchan
the bottom	am màs *or* an tòn	um mahss (un tawn)
the arm(s)	an gàirdean (na gàirdeanan)	ung gahr·jan (nuh gahr·jannun)
the arm-pit, oxter	an achlais	un ach·leesh
the elbow	an uileann	un oolun
the wrist	caol an dùirn	keul un doerñ
the hand(s)	an làmh (na làmhan)	un lahv (nuh lahvun)
the finger(s)	am meur (na meòirean)	um mee·ar (nuh m·yawrun)
the thumb(s)/toe(s)	an òrdag (na h-òrdagan)	un awrdack (nuh hawrdackun)
the nail(s)	an ìne (na h-ìnean)	un eenuh (nuh hee·nun)
the leg(s)	a' chas (na casan)	uh chass (nuh cassun)
the knee(s)	a' ghlùn (na glùinean)	uh ghloen (nuh gloen·yun)
the ankle	an t-adhbrann	un eubrun
the heel(s)	an t-sàil (na sàilean)	un tahl (nuh sah·lin)
the foot	an troigh (*or* a' chas)	un troy
the big toe	an òrdag mhòr	un awrdack voer
the toe(s) *see 'thumb' above*		
the sole(s)	am bonn (na bonnan)	um buh·oon (nuh boe·nun)

Discomfort, Illness & Injury

the ambulance	a' charbad-eiridinn	uh cha·rabbut irrijeen
the hospital	an t-ospadal	un ossputtal
the doctor(s)	an dotair (na dotairean)	un dawtar (na dawtarrun)
the nurse(s)	a' bhanaltrum *or* an niorsa (na niorsaichean)	uh vanaltrum *or* an nursuh (nuh nurseechun)

(For medicine, see p. 69)

the health	an t-slàinte	un tlahntchuh
healthy	fallain	falañ
healing	a' slànachadh	uh slahnochugh
getting better	a' fàs nas fheàrr	uh fahss nushahr

ill	tinn	tcheeñ
illness	tinneas	tcheen·yuss
(infectious) disease	galar (gabhaltach)	galur (gavaltoch)
asthma	a' chuing or an sac	uh chu·eeng (un sachk)
cancer	an aillse	un al·shuh
chickenpox	am piocas	um peech·kuss
the cold	an cnatan or am fuachd	ung kra·tan (um foo·uchk)
jaundice	a' bhuidheach	uh vooyoch
measles	a' ghriùthrach	uh ghroo·roch
mumps	a' phlòic	uh flaw·eechk
pneumonia	an grèim	ung graem
rheumatism	an lòinidh	un lawn·yee
whooping-cough	an t-sriuthach	un troo·och

Symptoms

a pain	pian	pee·un
an ache	cràdh	krah·gh
a stab of pain	gath	ga
broken	briste	breesh·tchuh
itchy	tachaiseach	tacheeshoch
painful	piantail	pee·untal
swollen	air sèid or air at	ir shaej (ir at)
uncomfortable	mì-chomhartail	mee chovurshtal
a bite	bìdeadh	bee·jugh
a bruise	bruthadh	broo·ugh
a cut	gearradh	g·yarrugh
a pimple	guirean	gooran
a rash	broth	bro
a scratch	sgrìob or sgròb	skreeb (skrawb)
a sprain	sguchadh	skoe·chugh
bleeding	a' sileadh fala	uh sheelugh faluh
coughing	a' casadaich	uh cassudeech
sneezing	a' srèathartaich	uh stree·urteech
sniffing	a' smiotadh	uh smeetugh
spitting	a' tilgeil smugaid	uh tcheeleekell smoo·geetch
vomiting	a' cur a-mach or a' dìobhart	uh coor uh mach (uh jeevurt)
How are you?	Ciamar a tha thu?	kimmer uh ha oo?
Pretty poor	Chan eil ach bochd	chan yil ach bochk
I'm not well at all	Chan eil mi gu math idir	chan yil mee goo ma eejir
I'm ill	Tha mi tinn	ha mee tcheeñ
What's wrong with you?	Dè tha ceàrr ort?	jae ha k·yahr orsht?
What's bothering you?	Dè tha 'cur dragh ort?	jae ha coor dreugh orsht?
I have a cold	Tha 'n cnatan orm or Tha fuachd agam	hahng kra·tan orrom or ha foo·uchk ackum
I have a headache	Tha mo cheann goirt	ha mo ch·ya·oon gorsht
My back's sore	Tha mo dhruim goirt	ha mo ghruh·eem gorsht
I've a pain in my side	Tha pian 'nam chliathaich	ha pee·un nam chlee·uh·eech

105

English	Gaelic	Pronunciation
I can't turn my head	Chan urrainn dhomh mo cheann a thionndadh	chan oe·reeñ ghoe mo ch·ya·oon uh h·yoondagh
I'm hoarse	Tha 'n tùchadh orm	hahn too·chugh orrom
I've got heartburn	Tha losgadh-bràghad orm	ha loe·skuh brah·ut orrom
It's sore when I swallow	Tha e goirt nuair a shluigeas mi	ha eh gorsht nurr uh look·yuss mee
I've got pins & needles in my foot	Tha 'n cadal-deilgneach 'na mo chas	hand caddul jillickanoch na mo chass
I'm sweating	Tha mi 'nam fhallas	ha mee nam a·lus
What's wrong with your arm?	Dè tha ceàrr air do ghàirdean?	jae ha k·yahr ir daw ghahr·jan?
It's hurting me	Tha e 'gam ghoirteachadh	ha eh gam ghorshtochugh
My hand's cut	Tha mo làmh air a gearradh	ha mo lahv irruh g·yarrugh
What happened to you?	Dè dh'èirich dhuit?	jae yae·reech ghoot?
He broke his leg	Bhris e a chas	vreesh eh uh chass
Is he/it bad?	A bheil e dona?	uh vil eh donnuh?
He'll be alright in a few days	Bidh e ceart gu leòr ann an dhà no trì làithean	bee eh k·yarsht goo l·yawr ann uh ghah no tree lah·yun
The doctor sent him to bed	Chuir an dotair dhan leabaidh e	choor un dawtar ghan l·yehbee eh
I'm feeling better	Tha mi 'faireachdainn nas fheàrr	ha mee fa·rochkeeñ nush ahr
He's improving	Tha piseach a' tighinn air	ha peeshoch uh tcheen yir
He's getting worse	Tha e 'dol nas miosa	ha eh doll nuss miss
Is the medicine helping?	A bheil an leigheas a' dèanamh feum?	uh vil un l·yeu·uss uh jannuv faem?
I couldn't live without it	Cha b'urrainn dhomh bhith beò às aonais	cha boe·reeñ ghoe vee b·yaw ass euneesh
It's not much use	Chan eil e gu mòran feum	chan yil eh goo moe·ran faem
He had an (road) accident	Bha tubaist (rathaid) aige	bha toobeesh·tch (rah·eetch) egg·yuh
Was he badly hurt?	An robh e air a dhroch leòn?	un ro eh irruh ghroch lawn?
They were lucky?	Bha iad fortanach	vah at forshtanoch
He was drunk	Bha 'n deoch air	vahn joch ir
He died	Chaochail e or bhàsaich e	cheuchil eh (vah·seech eh)
He was killed	Chaidh a mharbhadh	cha·ee uh varra·ugh
He was drowned	Chaidh a bhàthadh	cha·ee uh vah·hugh
It's difficult for him to walk	Tha e doirbh dha coiseachd	ha eh dirriv ghah coshochk
but he's in good spirits	ach tha e gu math sùnndach	ach ha eh goo ma soen·doch

The Dentist

English	Gaelic	Pronunciation
the dentist	am fiaclair	um fee·uchklar
the toothache	an dèideadh	un jae·jugh
the tooth (teeth)	an fhiacaill (na fiaclan)	un yee·uchkeel (nuh fee·uchklun)
a molar	cùlag	coe·lack
the gum	am bannas	um bannass
the jaw	an gèillean	ung gael·yan
a cavity	toll	tuh·ool
a filling	lìonadh	l·yee·unugh
I have toothache	Tha 'n dèideadh orm	hahn jae·jugh orrom
Open your mouth	Fosgail do bheul	foe·skil daw vee·al
Which tooth is sore?	Dè 'n fhiacaill a tha goirt?	jaen yee·uchkeel yuh ·a gorsht?
This one	An tè seo	un tchae shaw
This won't hurt you at all	Cha ghoirtich seo idir thu	cha ghorshteech shaw eejir oo
What did the dentist do?	Dè rinn am fiaclair?	jae ra·eeñ um fee·uchklar?
He filled a cavity in my tooth	Lìon e toll 'nam fhiacaill	lee·un eh tuh·ool nam ee·uchkeel
He pulled it out	Tharraing e mach i	harring eh mach ee
Was it sore?	An robh e goirt?	un ro eh gorsht?
It was dreadfully sore	Bha e uabhasach goirt	vah eh oo·uvvassoch gorsht
but the toothache was worse	ach bha 'n dèideadh na bu mhios'	ach vahn jae·jugh nuh boo viss
Did he put you to sleep?	An do chuir e a chadal thu?	nuh choor eh chadull oo?
Did you get an injection?	An d'fhuair thu an t-snàthad?	un doo·ur oo un trah·hat?
I'm frightened of the dentist	Tha eagal orm roimh'n fhiaclair	ha ickul orrom royn vee·uchklar
I'll go to him again	Thèid mi thuige a-rithist	haej mee hoog·yuh ree·eeshtch
. . . but only if I have to!	. . . ach dìreach ma dh'fheumas mi!	ach jeeroch ma yae·muss mee!

Alphabetical Index

Handy Phrases

English	Gaelic	Pronunciation
How are you?	Ciamar a tha thu?	kimmer uh ha oo?
Fine	Tha gu math	ha goo ma
Do you speak Gaelic?	A bheil Gàidhlig agad?	uh vil ga·lick acku_t_?
a little	tha beagan	ha bickan
not much	chan eil mòran	chan yil moe·ran
I'm learning it	Tha mi 'ga h-ionnsachadh	ha mee ga h·yoonsochugh
I don't understand	Chan eil mi 'tuigsinn	chan yil mee _took·sheeñ_
What did you say?	Dè thuirt thu?	jae hoert oo?
Can you say that again?	An can thu sin a-rithist?	ung can oo shin uh ree·eeshtch
Many thanks	Mòran taing	moe·ran _ta_·eeng
You're welcome	'Se do bheatha	sheh _d_aw veh·huh
Please	Ma 'se do thoil e	ma sheh _d_aw hol eh
That's very good (indeed)	Tha sin glè mhath (gu dearbh)	ha shin glae va (goo jarrav)
I'm sorry	Tha mi duilich	ha mee _d_ooleech
Excuse me	Gabh mo leisgeul	gav mo lishk·ya_l_
Don't bother	Cha leig thu leas	cha leek oo less
It doesn't matter	Chan eil e gu difeir	chan yil eh goo jiffer
Perhaps	'S dòcha	_st_awchuh
I don't know	Chan eil fhios agam	chan yil iss ackum
I'm not sure	Chan eil mi cinnteach	chan yil mee keentchoch
I don't mind	Tha mi coma	ha mee coe·muh
What do you want?	Dè tha thu 'g iarraidh?	jae ha oo g·ee·urry?
I want . . .	Tha mi 'g iarraidh . . .	ha mee g·ee·urry . . .
Here you are	Seo dhuit	shaw ghoo_t_
That's enough	Tha sin gu leòr	ha shin goo l·yawr
Are you coming?	A bheil thu 'tighinn?	uh vil oo tchee·eeñ?
Yes/No	Tha/Chan eil	ha/chan yil
Hurry up	Greas ort	gress orsht
Wait a minute	Fuirich mionaid	fooreech minnatch
What is it?	Dè th'ann?	jae ha·oo_n_?
Who is that?	Cò tha sin?	coe ha shin?
What are you doing?	Dè tha thu 'dèanamh?	jae ha oo jee·annuv?
Nothing	Chan eil càil	chan yil cahl
Where are you going?	Càit a bheil thu 'dol?	kahtch uh vil oo _d_oll?
I'm going home	Tha mi 'dol dhachaigh	ha mee _d_oll ghachee
I must go	Feumaidh mi falbh	fae·mee mee fa_l_av

109

What a pity	Nach bochd sin	nach bochk shin
Look out!	An air' ort!	un ar orsht!
Good Health!	Slàinte mhath!	slahntchuh va
Good night	Oidhche mhath	uh·eechyuh va
My goodness!	Mo chreach!	mo chrech!
Oh no!	Obh obh!	oh vohv!